COLLECTION PLAISIRS DE LA CUISINE

Cocottes festives

W0335336

Recettes et photos : Sylvie Aït-Ali, pages 8, 10, 12, 16, 18, 24, 26, 34, 36, 40, 42, 44, 50, 52, 56, 58, 60, 64, 66, 68, 72, 74, 76, 82, 84, 88, 90, 92, 96, 98, 100, 104, 106, 108, 112, 114, 116, 120, 124, 126, 128, 132, 144, 146, 148, 152, 154 ; Annabel Padilla, pages 20, 28, 32, 48, 80, 130, 138, 140.

EDITIONS ESI

60, rue Vitruve, 75020 Paris

Imprimé en France par Pollina - Luçon - L55341

sommaire

Agneau à l'ail d'Arleux

Préparation : 20 minutes • Cuisson : 7 heures • Difficulté : ★ Budget : ★★

Pour 6 personnes

- **2 cuil. à soupe d'huile d'olive**
- **1 épaule d'agneau**
- **2 têtes d'ail d'Arleux**
- **6 carottes**
- **2 cubes de bouillon**
- **1 bouquet garni**
- **Sel et poivre**

Préchauffez le four à 150 °C (th. 5).

Faites chauffer l'huile d'olive dans une cocotte en fonte et saisissez l'épaule. Ajoutez l'ail non épluché, les carottes pelées, lavées et coupées en rondelles, les cubes de bouillon, le bouquet garni, salez, poivrez et couvrez d'eau.

Mettez au four 5 heures cocotte ouverte et arrosez régulièrement. Puis fermez la cocotte et poursuivez la cuisson 2 heures.

En fin de cuisson, la chair de l'agneau va se détacher toute seule de l'os, répartissez-la dans les mini cocottes avec les carottes et l'ail et maintenez-les au chaud jusqu'au moment de servir.

Conseil : vous pouvez faire une cuisson sur 2 jours. La veille, mettez l'agneau à cuire 5 heures puis conservez-le dans le four cocotte fermée et le jour J, poursuivez les 2 heures de cuisson restantes.

Agneau à la menthe

Préparation : 25 minutes • Cuisson : 1 heure • Difficulté : ★ Budget : ★★

Pour 4 personnes

- **800 g d'agneau**
- **2 cuil. à soupe d'huile d'olive**
- **1 oignon**
- **1 cuil. à soupe de farine**
- **1 cube de bouillon**
- **2 gousses d'ail**
- **600 g de petits pois frais**
- **4 branches de menthe**
- **Sel et poivre**

Coupez l'agneau en dés et mettez-le à dorer dans l'huile d'olive dans une cocotte pendant 5 minutes. Lorsque la viande est dorée retirez-la et mettez l'oignon émincé à blondir.

Replacez la viande dans la cocotte et saupoudrez de farine, mélangez bien. Ajoutez le cube de bouillon, l'ail écrasé, salez, poivrez puis ajoutez 30 cl d'eau. Couvrez et mettez à cuire 40 minutes sur feu doux.

Ajoutez les petits pois et poursuivez la cuisson 15 minutes. Réservez quelques feuilles de menthe puis hachez le restant et ajoutez-la au plat.

Mélangez et répartissez dans les cocottes, décorez de quelques feuilles de menthe et servez.

Agneau sur confit d'oignons

Préparation : 20 minutes • Cuisson : 1 h 05 • Difficulté : ★ Budget : ★★

Pour 4 personnes

- **4 oignons (gros)**
- **600 g de selles d'agneau (sans os)**
- **2 cuil. à soupe d'huile d'olive**
- **1 cuil. à soupe de vinaigre balsamique**
- **1 cuil. à soupe de sirop de framboise**
- **3 branches de thym**
- **Sel et poivre**

Épluchez les oignons, émincez-les. Coupez la selle d'agneau en morceaux, faites-les revenir dans une sauteuse avec 1 cuil. à soupe d'huile d'olive, 1 minute sur chaque face.

Retirez la viande, versez 1 cuil. à soupe d'huile d'olive et faites suer les oignons sans les colorer pendant 15 minutes à couvert.

Préchauffez le four à 180 °C (th. 6).

Arrosez les oignons de vinaigre balsamique et de sirop de framboise, mélangez bien et répartissez dans 4 mini cocottes.

Déposez un peu de thym puis 1 ou 2 morceaux de viande selon leur taille, salez et poivrez. Fermez les cocottes et mettez-les au four pour 45 minutes. Servez aussitôt accompagné, par exemple, d'une purée de céleri.

Conseil : vous pouvez préparer le plat dans une cocotte de taille normale et répartir le tout dans les mini cocottes au moment de servir.

Aiguillettes de canard aux pêches

Préparation : 15 minutes • Cuisson : 10 minutes • Difficulté : ★ Budget : ★★

Pour 4 personnes

- **4 pêches**
- **600 g d'aiguillettes de canard**
- **1 cuil. à soupe d'huile d'olive**
- **Beurre**
- **1 cuil. à café de sucre**
- **2 cuil. à soupe de vinaigre balsamique**
- **Sel et poivre**

Épluchez les pêches et coupez-les en quartiers.

Mettez les aiguillettes à saisir sur un feu vif pendant 3 minutes dans une sauteuse avec l'huile d'olive. Retirez-les et réservez-les dans un four tiède.

Placez les quartiers de pêches dans la sauteuse avec une noix de beurre, saupoudrez-les de sucre et mettez-les à dorer puis dégraissez au vinaigre balsamique.

Replacez les aiguillettes, salez, poivrez puis répartissez-les dans les cocottes chaudes. Servez accompagné de riz.

Bouchées à la reine

Préparation : 30 minutes • Repos : 30 minutes • Cuisson : 45 minutes • Difficulté : ★ Budget : ★

Pour 4 personnes

- **30 g de beurre**
- **40 g de farine**
- **40 cl de bouillon de volaille**
- **200 g de blancs de poulet (cuits)**
- **150 g de champignons de Paris en boîte**
- **40 g de fromage râpé**
- **1 cuil. à café de persil haché**
- **1 pâte feuilletée**
- **1 jaune d'œuf**
- **Sel et poivre**

Faites fondre le beurre dans une casserole, ajoutez la farine puis le bouillon tiédi et faites épaissir en mélangeant. Salez, poivrez, ajoutez le poulet et les champignons émincés, le fromage râpé et le persil. Répartissez dans les cocottes.

Découpez des disques de pâte feuilletée plus large que les cocottes. Déposez-les sur les cocottes et pressez les bords. Badigeonnez avec le jaune d'œuf puis placez au frais 30 minutes. Badigeonnez une seconde fois puis placez au four 20 minutes à 200 °C (th. 6-7).

Dans les chutes de pâte, découpez des formes, dorez-les au jaune d'œuf, placez-les entre 2 feuilles de papier sulfurisé et 2 plaques de cuisson. Mettez au four 15 minutes. Servez les cocottes avec les feuilletés.

Boulettes de bœuf façon tajine

Préparation : 20 minutes • Cuisson : 45 minutes • Difficulté : ★ Budget : ★★

Pour 4 personnes

- 1 cuil. à soupe d'huile d'olive
- 500 g de boulettes de bœuf
- 1 oignon et 1 courgette
- 1 cube de bouillon
- 2 gousses d'ail
- 5 branches de coriandre
- ½ cuil. à café de paprika
- ½ cuil. à café de ras el hanout
- 1 cuil. à café de cumin en poudre
- 100 g de pulpe de tomates
- Sel et poivre

Faites chauffer l'huile dans une sauteuse et mettez les boulettes à colorer sur feu vif. Retirez-les puis faites blondir l'oignon émincé.

Ajoutez la courgette coupée en petits dés (sans l'éplucher). Laissez dorer 5 minutes, puis baissez le feu, ajoutez 12 cl d'eau, le cube de bouillon et laissez cuire 10 minutes à couvert.

Ajoutez l'ail finement haché, la coriandre ciselée, les épices et laissez cuire encore 10 minutes. Finissez par ajouter la pulpe de tomates, les boulettes et terminez la cuisson (comptez encore 10 minutes). Salez, poivrez et répartissez dans les cocottes, ajoutez de la coriandre fraîchement ciselée. Servez accompagné de semoule à couscous.

Cakes au saumon et ricotta

Préparation : 15 minutes • Cuisson : 30 minutes • Difficulté : ★ Budget : ★★

Pour 4 personnes

- 3 œufs
- 225 g de ricotta
- 1 cuil. à soupe de moutarde
- 6 cuil. à soupe d'huile d'olive
- 180 g de farine
- ½ sachet de levure chimique
- 50 g d'emmental râpé
- 2 cuil. à soupe d'aneth haché
- 200 g de lardons de saumon fumé
- Beurre
- Poivre

Mélangez les œufs, la ricotta, la moutarde, l'huile et du poivre.

Ajoutez la farine avec la levure, le fromage, l'aneth et le saumon. Mélangez bien.

Versez la préparation dans 4 cocottes préalablement beurrées. Mettez au four 30 minutes à 180 °C (th. 6).

Laissez tiédir, démoulez, coupez en tranches puis replacez le tout dans la cocotte, cela facilite le service.

Cailles aux fruits secs

Préparation : 20 minutes • Repos : 30 minutes • Cuisson : 30 minutes • Difficulté : ★ Budget : ★★

Pour 4 personnes

- **50 g d'abricots secs**
- **50 g de figues séchées**
- **50 g de raisins secs**
- **1 cuil. à soupe de miel**
- **½ cuil. à café de cannelle en poudre**
- **4 cailles**
- **2 cuil. à soupe d'huile d'olive**
- **1 oignon**
- **Sel et poivre**

Coupez les abricots en deux et les figues en quatre.

Mélangez tous les fruits secs, ajoutez le miel, la cannelle et couvrez d'eau tiède. Laissez reposer 30 minutes.

Remplissez les cailles avec la moitié du mélange de fruits secs et mettez-les à dorer dans une cocotte avec un peu d'huile, salez et poivrez puis réservez-les.

Épluchez et émincez l'oignon et mettez-le à dorer dans la cocotte pendant 5 minutes. Ajoutez le restant de fruits secs, salez, poivrez et mélangez bien.

Répartissez le mélange de fruits secs et oignon dans les mini cocottes avec 1 caille. Versez 2 cuil. à soupe de marinade et laissez cuire 20 minutes dans un four à 200 °C (th. 7). Servez accompagné de semoule à couscous.

Canard rôti au miel et au romarin

Préparation : 15 minutes • Repos : 12 heures • Cuisson : 1 h 30 • Difficulté : ★ Budget : ★★

Pour 4 personnes

- **4 cuil. à soupe de miel**
- **2 cuil. à soupe de sauce soja**
- **4 cuisses de canard**
- **2 branches de romarin**
- **2 échalotes**

Mélangez le miel, la sauce soja et badigeonnez les cuisses de canard.

Placez-les dans une assiette avec les branches de romarin à leur contact. Recouvrez l'assiette de film alimentaire et laissez la viande reposer au frais pendant 12 heures.

Préchauffez le four à 180 °C (th. 6).

Placez les cuisses de canard dans les cocottes. Si besoin, séparez la cuisse en 2 parties (haut de cuisse et pignon).

Ajoutez les échalotes émincées, le romarin et le reste de marinade. Ajoutez un peu d'eau dans le fond des cocottes et mettez au four 45 minutes et arrosez régulièrement.

Baissez la température du four à 140 °C (th. 4-5) et poursuivez la cuisson 45 minutes en continuant d'arroser.

Cannelloni épinards ricotta, sauce tomate basilic

Préparation : 25 minutes • Cuisson : 40 minutes • Difficulté : ★ Budget : ★

Pour 6 personnes

- **3 gousses d'ail**
- **1 cuil. à soupe d'huile d'olive**
- **400 g de tomates concassées en boîte**
- **Basilic**
- **450 g d'épinards hachés surgelés**
- **250 g de ricotta**
- **12 cannelloni**
- **4 cuil. à soupe de parmesan râpé**
- **Sel et poivre**

Préchauffez le four à 180 °C (th. 6).

Faites revenir dans une sauteuse les gousses d'ail hachées avec l'huile d'olive à petit feu. Ajoutez les tomates. Salez et poivrez. Laissez réduire à découvert pendant 10 minutes. Ajoutez au dernier moment les feuilles de basilic ciselées.

Faites cuire les épinards au micro-ondes selon les indications marquées sur le paquet. Mixez-les avec la ricotta. Salez et poivrez.

Faites bouillir de l'eau dans une grande casserole. Plongez les cannelloni trois par trois durant 4 minutes. Égouttez-les avec une écumoire, posez-les sur un torchon propre. À l'aide d'un couteau bien aiguisé, coupez-les en trois.

Remplissez les cocottes de sauce tomate aux deux tiers. Farcissez les cannelloni avec la préparation ricotta-épinards. Immergez-les dans la sauce tomate, têtes en haut. Parsemez la surface de parmesan. Faites gratiner au four durant 15 minutes environ.

Carottes confites

Préparation : 15 minutes • Cuisson : 35 minutes • Difficulté : ★ Budget : ★

Pour 4 personnes

- **800 g de carottes**
- **30 g de beurre**
- **1 cuil. à soupe de miel**
- **1 cuil. à soupe de thym**
- **Sel et poivre**

Épluchez et coupez les carottes en tronçons de 2 à 3 cm de long. Mettez le beurre à fondre dans un faitout et mettez les carottes à cuire sur feu vif pour qu'elles prennent une légère coloration.

Salez, poivrez, ajoutez le miel, le thym et de l'eau à mi-hauteur. Mélangez bien et laissez cuire à couvert 20 minutes.

Répartissez les carottes dans les cocottes et terminez la cuisson à découvert dans un four préchauffé à 180 °C (th. 6) pendant 15 minutes. Servez en accompagnement d'une viande.

Charlottes de courgettes en cocotte

Préparation : 20 minutes • Cuisson : 1 h 10 • Difficulté : ★ Budget : ★

Pour 6 personnes

- **4 courgettes (de taille moyenne)**
- **1 oignon**
- **3 cuil. à soupe d'huile d'olive**
- **350 g de viande de bœuf hachée**
- **1 cuil. à café de cumin en poudre**
- **1 gousse d'ail**
- **400 g de pulpe de tomates**
- **75 g de riz**
- **60 g de parmesan râpé**
- **2 cuil. à soupe d'herbes de Provence**
- **Sel et poivre**

Préchauffez le four à 180 °C (th. 6). Avec un économe, coupez les courgettes en fines lanières et faites-les cuire 10 minutes au micro-ondes. Disposez-les en étoile dans les cocottes, en les laissant dépasser à 3-4 cm du bord.

Émincez l'oignon et faites-le fondre dans une poêle avec 2 cuil. à soupe d'huile d'olive. Ajoutez la viande hachée. Au bout de 10 minutes, incorporez le cumin, l'ail haché et la pulpe de tomates. Salez, poivrez et laissez mijoter 10 minutes. Faites cuire le riz dans une grande casserole d'eau salée.

Répartissez au fond de chaque cocotte une couche de riz et de viande. Repliez les tranches de courgette et badigeonnez d'huile d'olive et de parmesan râpé. Saupoudrez d'herbes de Provence. Mettez au four pour une vingtaine de minutes.

Chili con carne

Préparation : 40 minutes • Repos : 12 heures • Cuisson : 3 h 20 • Difficulté : ★ Budget : ★

Pour 4 personnes

- 400 g d'haricots rouges
- 1 feuille de laurier et 1 gousse d'ail
- 2 carottes et 2 oignons
- 2 cuil. à soupe d'huile d'olive
- 500 g de viande de bœuf hachée
- 400 g de pulpe de tomates
- ½ cuil. à café de piment en poudre
- 1 cuil. à café d'origan et Tabasco
- 200 g de maïs en boîte
- 1 cuil. à soupe de persil plat
- Sel

Faites tremper les haricots dans de l'eau froide toute une nuit. Le lendemain, rincez-les sous l'eau puis versez-les dans une cocotte. Ajoutez le laurier, l'ail écrasé et les carottes coupées en dés et couvrez d'eau puis portez à ébullition. Laissez cuire 2 heures sur feu doux.

Faites revenir les oignons hachés dans l'huile d'olive puis ajoutez la viande hachée, salez et laissez cuire sur feu vif 5 minutes. Ajoutez la pulpe de tomates, le piment et l'origan. Laissez mijoter 10 minutes.

Égouttez les haricots, mélangez-les à la viande et laissez mijoter 1 heure. Ajoutez 1 cuil. à café de Tabasco, le maïs, le persil haché et laissez cuire 10 minutes. Servez dans les cocottes.

Choucroute

Préparation : 25 minutes • Cuisson : 2 h 10 • Difficulté : ★ Budget : ★★

Pour 4 personnes

- 200 g de palette demi-sel
- 1 kg de choucroute crue
- 40 g de saindoux et 2 oignons
- 2 saucisses fumées
- 30 cl de vin d'Alsace
- 5 baies de genièvre
- 2 feuilles de laurier
- 4 saucisses de Strasbourg
- 1 saucisson à l'ail
- 4 pommes de terre
- Sel et poivre

Dessalez la palette demi-sel en la plaçant sous l'eau. Mettez-la à cuire 30 minutes couverte d'eau, dans une casserole.

Rincez la choucroute puis essorez-la. Faites fondre le saindoux dans une cocotte-minute et mettez les oignons émincés à blondir. Ajoutez la choucroute, les saucisses fumées, le vin blanc, les baies de genièvre et les feuilles de laurier. Salez, poivrez, ajoutez 25 cl d'eau et mettez à cuire sous pression 1 heure. Ouvrez la cocotte, ajoutez les saucisses de Strasbourg, le saucisson à l'ail coupé en rondelles, les pommes de terre épluchées et poursuivez la cuisson 30 minutes. Répartissez la choucroute dans les mini cocottes, déposez dessus les saucisses, la viande et les pommes de terre.

Choux farcis au saumon

Préparation : 30 minutes • Cuisson : 40 minutes • Difficulté : ★ Budget : ★★

Pour 4 personnes

- **1 échalote (grosse)**
- **15 g de beurre**
- **30 cl de vin blanc**
- **15 cl de crème liquide**
- **1 chou (petit)**
- **500 g de pavés de saumon**
- **2 tranches de saumon fumé**
- **Sel et poivre**

Préchauffez le four à 180 °C (th. 6).

Épluchez et hachez l'échalote. Faites-la blondir dans une casserole avec le beurre, ajoutez le vin blanc et portez à ébullition. Baissez le feu et laissez évaporer le liquide pour qu'il réduise de moitié. Ajoutez la crème, salez, poivrez.

Lavez les feuilles de chou puis blanchissez-les dans une grande casserole d'eau bouillante salée pendant 10 minutes. Égouttez-les.

Placez 3 feuilles de chou dans les cocottes après avoir retiré la partie blanche trop dure si besoin. Coupez les pavés de saumon en gros morceaux et placez-les dans les cocottes. Déposez une demi-tranche de saumon fumé, nappez d'une cuillère de sauce et refermez les feuilles de chou sur le saumon.

Fermez les cocottes et mettez-les au four 20 minutes. Servez accompagné de riz.

Civet de sanglier

Préparation : 30 minutes • Marinade : 24 heures • Cuisson : 3 h 15 • Difficulté : ★ Budget : ★★★

Pour 6 personnes

- **1 kg de viande de sanglier**
- **2 oignons**
- **2 gousses d'ail**
- **2 feuilles de laurier**
- **2 clous de girofle**
- **80 cl de vin rouge**
- **2 cuil. à soupe d'huile d'olive**
- **40 g de beurre**
- **2 cuil. à soupe de farine**
- **20 olives vertes**
- **1 bouquet de persil**
- **Sel et poivre**

Coupez la viande de sanglier en gros morceaux, mettez-la dans un saladier, avec les oignons, l'ail émincé, le laurier, les clous de girofle, arrosez de vin et couvrez d'un film alimentaire. Placez le plat au réfrigérateur 24 heures.

Le lendemain, mettez l'huile d'olive et le beurre à chauffer dans une cocotte et mettez la viande égouttée à dorer sur toutes les faces. Retirez la viande et mettez les oignons égouttés à dorer. Replacez la viande dans la cocotte, saupoudrez la farine, mélangez bien puis ajoutez la marinade, les olives et le persil haché. Salez, poivrez et laissez cuire sur feu doux pendant 3 heures.

Au moment de servir, placez la viande dans les petites cocottes et servez accompagné de pâtes fraîches.

Clafoutis de brocolis, jambon et roquefort

Préparation : 15 minutes • Cuisson : 50 minutes • Difficulté : ★ Budget : ★

Pour 6 personnes

- **200 g de brocolis**
- **3 œufs**
- **25 cl de lait**
- **25 cl de crème liquide**
- **Noix de muscade en poudre**
- **150 g de roquefort**
- **4 tranches de jambon blanc**
- **10 g de Maïzena**
- **Beurre**
- **Chapelure**
- **Sel et poivre**

Préchauffez le four à 180 °C (th. 6).

Lavez les bouquets de brocoli et faites-les blanchir 10 minutes, dans une grande casserole d'eau bouillante salée.

Mélangez dans un saladier les œufs, le lait, la crème et une pincée de muscade. Ajoutez le roquefort réduit en brisures ainsi que le jambon coupé en petits morceaux. Diluez la Maïzena dans un peu de lait puis incorporez-la au mélange. Salez et poivrez.

Versez la préparation dans les cocottes préalablement beurrées et tapissées de chapelure. Ajoutez les brocolis. Faites cuire au four pendant 30 à 40 minutes. Faites bien attention de ne pas trop remplir vos cocottes. Le clafoutis gonfle durant la cuisson.

Cocottes d'asperges au parmesan en feuilles de brick

Préparation : 25 minutes • Cuisson : 40 minutes • Difficulté : ★ Budget : ★

Pour 6 personnes

- **2 bottes d'asperges vertes**
- **6 feuilles de brick**
- **Beurre**
- **200 g de champignons de Paris**
- **4 tranches de jambon cru**
- **4 cuil. à soupe de crème fraîche épaisse**
- **50 g de parmesan râpé**
- **Sel et poivre**

Épluchez les asperges. Coupez la queue. Faites-les cuire à la vapeur 4-5 minutes. Taillez-les en tronçons et réservez les pointes.

Étalez les feuilles de brick. Posez dessus une assiette de 20 cm de diamètre. Retirez le pourtour. Enduisez la surface de beurre fondu et placez-les dans les cocottes en repliant les bords vers l'extérieur.

Émincez les champignons. Faites-les revenir avec les asperges et le jambon cru coupé en lanières dans un peu de beurre. Salez, poivrez et ajoutez la crème fraîche. Faites 5 minutes cuire à petit feu. Ajoutez le parmesan. Versez ce mélange dans les feuilles de brick. Répartissez les têtes d'asperges réservées. Faites dorer au four à 180 °C (th. 6) durant 6 à 7 minutes.

Cocottes d'écrevisses

Préparation : 30 minutes • Cuisson : 25 minutes • Difficulté : ★ Budget : ★★

Pour 4 personnes

- **2 échalotes**
- **50 g de beurre**
- **10 cl de vin blanc**
- **100 g de pulpe de tomates**
- **½ cuil. à soupe de ciboulette ciselée**
- **½ cuil. à soupe de persil haché**
- **40 g d'écrevisses**
- **2 cuil. à soupe de crème liquide entière**
- **Sel et poivre**

Hachez finement les échalotes. Faites-les fondre dans 30 g de beurre sans colorer. Ajoutez le vin blanc et laissez cuire à petits bouillons 5 minutes. Ajoutez la pulpe de tomates, les herbes, salez et poivrez.

Dans une poêle, mettez le restant de beurre à fondre puis ajoutez les écrevisses, débarrassées de leur carapace, et faites-les revenir vivement. Lorsqu'elles deviennent rouges, ajoutez la préparation à base de tomates et laissez cuire 10 minutes.

Ajoutez la crème fraîche, poursuivez la cuisson 5 minutes avant de servir dans les petites cocottes.

Cocottes de caponata

Préparation : 20 minutes • Cuisson : 1 h 15 • Difficulté : ★ Budget : ★

Pour 6 personnes

- **2 oignons**
- **6 cuil. à soupe d'huile d'olive**
- **4 aubergines**
- **2 gousses d'ail**
- **4 tomates**
- **1 cuil. à soupe de concentré de tomates**
- **3 cuil. à soupe de câpres**
- **20 olives vertes**
- **Sel et poivre**

Dans une poêle, faites revenir pendant 5 minutes les oignons émincés avec 2 cuil. à soupe d'huile d'olive.

Coupez les aubergines en dés et ajoutez-les aux oignons avec 4 cuil. à soupe d'huile d'olive. Faites revenir une vingtaine de minutes. Ajoutez l'ail haché, les tomates et le concentré de tomates. Salez, poivrez, couvrez et laissez mijoter 20 minutes sur feu doux.

Retirez du feu. Ajoutez les câpres et les olives vertes. Mélangez. Versez dans les mini cocottes. Couvrez-les et mettez-les au four pour 30 minutes. Servez tiède ou froid.

Cocottes de crêpes en lasagne

Préparation : 20 minutes • Cuisson : 40 minutes • Difficulté : ★ Budget : ★

Pour 4 personnes

- **2 cuil. à soupe d'huile d'olive**
- **2 échalotes**
- **200 g de champignons de Paris**
- **10 cl de crème liquide**
- **4 crêpes de blé noir**
- **4 tranches de jambon blanc**
- **200 g de fromage râpé**
- **4 portions de fromage fondu**
- **4 cuil. à soupe de parmesan râpé**

Préchauffez le four à 180 °C (th. 6). Faites revenir sur feu doux, dans l'huile d'olive, les échalotes et les champignons émincés 10 minutes. Ajoutez 8 cl de crème fraîche.

Dans chaque crêpe, découper 4 cercles de la taille des cocottes. Déposez une crêpe au fond de chaque cocotte. Versez une couche de préparation aux champignons, une couche de jambon coupé en dés et de gruyère râpé, et ainsi de suite en terminant par une crêpe.

Mélangez le fromage fondu, le parmesan râpé et le reste de crème. Recouvrez la surface de chaque cocotte avec ce mélange. Mettez au four 30 minutes, jusqu'à ce que la surface soit bien gratinée.

Cocottes de daube de bœuf aux olives

Préparation : 25 minutes • Cuisson : 2 heures • Marinade : 12 heures • Difficulté : ★★ Budget : ★★

Pour 6 personnes

- 1 kg de paleron (ou bœuf bourguignon)
- 75 cl de côtes-du-rhône (rouge)
- 10 cl de vinaigre de vin
- 4 carottes
- 4 oignons
- 2 bouquets garnis
- 150 g de poitrine de porc
- 2 cuil. à soupe de concentré de tomates
- 6 gousses d'ail
- 4 clous de girofle
- Le zeste de 1 orange non traitée
- 1 cuil. à soupe de farine
- 4 cuil. à soupe d'huile d'olive
- 18 olives noires
- Sel et poivre

Faites macérer la veille au soir, la viande coupée en petits cubes dans une marinade composée d'un mélange de vin rouge, de vinaigre, de carottes pelées et coupées en rondelles, de 3 oignons finement émincés, d'un bouquet garni, d'une pincée de sel et de poivre. Arrosez le tout d'un filet d'huile d'olive.

Le lendemain, faites revenir dans un autocuiseur en fonte les morceaux de poitrine, l'oignon restant haché grossièrement, le concentré de tomates, 2 gousses d'ail écrasées et les clous de girofle. Ajoutez les morceaux de viande bien égouttés que vous ferez sauter et dorer pendant quelques minutes.

Mouillez avec la marinade passée au chinois et laissez bouillir à feu fort jusqu'à ce que le liquide ait réduit d'un tiers environ.

Ajoutez alors le second bouquet garni, les 4 gousses d'ail restantes coupées grossièrement, un petit morceau de zeste d'orange, les carottes et les oignons de la marinade et les olives. Complétez si besoin avec un peu d'eau bouillante afin que le liquide arrive presque au niveau de la viande et de la garniture. Fermez l'autocuiseur et faites cuire 1 heure.

Au terme de la cuisson, ouvrez l'autocuiseur. Délayez la farine avec un peu de sauce. Versez dans la daube et mélangez. Répartissez la daube dans chaque cocotte. Faites mijoter à couvert au four préchauffé à 150 °C (th. 5), durant 45 minutes.

Conseil : différentes variantes sont possibles : vin blanc et cognac dans la marinade, câpres ou cèpes ajoutés lors de la cuisson au four…

Cocottes de fruits de mer au safran

Préparation : 15 minutes • Cuisson : 15 minutes • Difficulté : ★ Budget : ★★★

Pour 4 personnes

- **2 échalotes**
- **30 g de beurre**
- **100 g de calamars (surgelés)**
- **5 cl de vin blanc sec**
- **10 cl de fumet de poisson**
- **120 g de noix de Saint-Jacques (petites)**
- **100 g de moules (décortiquées)**
- **120 g de crevettes cuites (décortiquées)**
- **12 cl de crème liquide**
- **1 dose de filament de safran**
- **Sel et poivre**

Épluchez et hachez les échalotes. Faites fondre le beurre dans un faitout et mettez les échalotes à suer sans colorer.

Ajoutez les anneaux de calamars, le vin, le fumet de poisson, salez, poivrez et laissez cuire 5 minutes. Ajoutez les autres fruits de mer, la crème, le safran et laissez cuire encore 5 minutes sans faire bouillir.

Répartissez les fruits de mer dans les cocottes ainsi que la sauce et servez avec du riz.

Cocottes de fruits de mer en croûte

Préparation : 30 minutes • Repos : 30 minutes • Cuisson : 30 minutes • Difficulté : ★ Budget : ★★

Pour 4 personnes

- **1 échalote**
- **30 g de beurre**
- **20 cl de crème liquide**
- **450 g de fruits de mer (crevettes, moules, pétoncles…)**
- **8 brins de ciboulette**
- **80 g de vieux-lille**
- **1 rouleau de pâte feuilletée**
- **1 jaune d'œuf**
- **Sel et poivre**

Préchauffez le four à 200 °C (th. 6-7).

Épluchez l'échalote, émincez-la et faites-la blondir dans une petite casserole avec le beurre. Ajoutez la crème, salez et poivrez.

Répartissez les fruits de mer dans les cocottes, nappez-les de crème et de ciboulette ciselée. Coupez le fromage en tranches et déposez-le sur les fruits de mer.

Découpez des disques de pâte feuilletée plus larges que les cocottes. Déposez-les sur les mini cocottes et pressez soigneusement les bords pour bien faire adhérer la pâte.

Badigeonnez avec le jaune d'œuf dilué dans 1 cuil. à café d'eau puis placez au frais 30 minutes. Badigeonnez une seconde fois puis placez au four 20 minutes. Servez dès la sortie du four.

Cocottes de Saint-Jacques sur velouté d'artichauts

Préparation : 10 minutes • Cuisson : 40 minutes • Difficulté : ★ Budget : ★★

Pour 6 personnes

- **1 l de bouillon de volaille**
- **500 g de fonds d'artichaut surgelés**
- **1 pomme de terre**
- **2 cuil. à soupe d'huile d'olive**
- **6 noix de Saint-Jacques**
- **Sel et poivre**

Dans une casserole, faites chauffer le bouillon de volaille. Plongez-y les fonds d'artichaut ainsi que la pomme de terre coupée en cubes. Laissez mijoter 20 minutes. Mixez. Salez et poivrez. Réservez.

Dans une poêle, mettez à chauffer l'huile d'olive et faites dorer doucement les noix de Saint-Jacques 4 à 5 minutes.

Préchauffez le four à 150 °C (th. 5). Dressez les cocottes : versez un peu de velouté au fond de chaque cocotte et déposez à la surface une noix de Saint-Jacques poêlée. Mettez au four pour 15 minutes et servez bien chaud.

Cocottes de pommes au camembert

Préparation : 15 minutes • Cuisson : 20 minutes • Difficulté : ★ Budget : ★

Pour 4 personnes

- **4 pommes**
- **50 g de lardons allumettes**
- **4 tranches de pain de mie**
- **1 camembert**

Préchauffez le four à 180 °C (th. 6).

Épluchez les pommes et coupez-les en dés.

Mettez les lardons à dorer dans une grande poêle puis ajoutez les pommes. Laissez cuire 5 minutes.

Mettez les tranches de pain de mie à griller puis coupez-les pour qu'elles entrent au fond des cocottes. Répartissez les pommes puis couvrez de tranches de camembert. Laissez cuire 15 minutes. Servez aussitôt à la place du traditionnel plateau de fromage.

Cocottes de poulet aux poireaux

Préparation : 30 minutes • Cuisson : 30 minutes • Difficulté : ★ Budget : ★

Pour 4 personnes

- **6 blancs de poireau**
- **4 escalopes de poulet**
- **20 g de margarine**
- **30 g de beurre**
- **30 g de farine**
- **40 cl de lait**
- **1 cuil. à soupe de sauce soja**
- **40 g d'emmental râpé**
- **2 cuil. à soupe de parmesan râpé**
- **Sel et poivre**

Coupez les poireaux en tronçons, mettez-les à cuire 10 minutes. Saisissez les escalopes dans un peu de margarine pour qu'elles soient dorées puis laissez cuire à feu doux 10 minutes. Coupez-les en dés.

Faites fondre le beurre, ajoutez la farine puis le lait. Ajoutez la sauce soja, salez légèrement et poivrez. Faites chauffer et épaissir en mélangeant jusqu'à l'obtention d'une sauce homogène. Ajoutez le fromage râpé et mélangez.

Répartissez les poireaux et les dés de poulet dans les cocottes, nappez de béchamel, saupoudrez de parmesan et mettez au four 15 minutes à 200 °C (th. 6-7).

Cocottes de saucisses aux lentilles

Préparation : 20 minutes • Cuisson : 1 h 30 • Difficulté : ★ Budget : ★

Pour 6 personnes

- **350 g de lentilles vertes du Puy**
- **1 oignon**
- **1 cuil. à café de gingembre en poudre**
- **2 feuilles de laurier**
- **1 clou de girofle**
- **8 chipolatas aux herbes**
- **2 gousses d'ail**
- **Huile d'olive**
- **2 tomates pelées**
- **Piment d'Espelette en poudre**
- **1 saucisse de Morteau**

Mettez les lentilles dans une casserole. Ajoutez l'oignon coupé en huit, la moitié du gingembre, le laurier et le clou de girofle. Couvrez d'eau et portez à ébullition. Laissez frémir, ajoutez les chipolatas et laissez cuire 10 minutes. Égouttez les saucisses et poursuivez la cuisson des lentilles 25 minutes. Pelez et hachez l'oignon et l'ail. Coupez les saucisses en tronçons. Faites-les dorer dans l'huile d'olive. Ajoutez les tomates pelées et coupées en dés, assaisonnez avec le reste de gingembre et une pincée de piment. Laissez cuire 25 minutes. Ajoutez les lentilles égouttées. Coupez la saucisse de Morteau en rondelles et faites-les dorer dans un peu d'huile d'olive. Versez les saucisses aux lentilles dans chaque mini cocotte. Déposez 3 ou 4 rondelles de saucisse de Morteau. Mettez au four préchauffé à 180 °C (th. 6) pour 20 minutes.

Cocottes de Saint-Jacques aux poireaux

Préparation : 30 minutes • Cuisson : 20 minutes • Difficulté : ★ Budget : ★★★

Pour 4 personnes

- **4 poireaux**
- **30 g de beurre**
- **1 cuil. à soupe d'huile d'olive**
- **1 gousse d'ail**
- **15 cl de vin blanc**
- **20 cl de crème liquide entière**
- **24 noix de Saint-Jacques**
- **Sel et poivre**

Nettoyez les poireaux et coupez-les en tronçons.

Faites fondre le beurre et l'huile d'olive dans une cocotte et mettez les poireaux à suer. Salez, poivrez, ajoutez l'ail haché, couvrez et poursuivez la cuisson 15 minutes sur feu très doux en mélangeant régulièrement.

Ajoutez le vin blanc, laissez cuire à découvert 5 minutes puis ajoutez la crème. Réservez sur un feu très doux.

Mettez une noix de beurre à fondre dans une poêle et mettez les noix de Saint-Jacques à dorer 2 minutes sur chaque face. Ajoutez-les aux poireaux puis répartissez le tout dans les cocottes et servez aussitôt.

Cocottes de thon façon pastilla

Préparation : 20 minutes • Cuisson : 30 minutes • Difficulté : ★ Budget : ★

Pour 4 personnes

- **200 g de thon au naturel en boîte**
- **100 g de fromage frais**
- **2 œufs**
- **2 cuil. à soupe de moutarde**
- **1 cuil. à soupe de ciboulette ciselée**
- **1 oignon**
- **8 feuilles de pâte filo**
- **50 g de beurre**
- **Sel et poivre**

Préchauffez le four à 180 °C (th. 6).

Égouttez le thon, émiettez-le et ajoutez le fromage frais, les œufs, la moutarde, la ciboulette, l'oignon haché, salez et poivrez.

Badigeonnez les feuilles de filo de beurre fondu et placez-les par 2 dans les cocottes. Remplissez de préparation au thon et rabattez la filo vers le milieu.

Mettez au four pour 30 minutes. Servez aussitôt.

Conseil : vous pouvez remplacer les feuilles de filo par des feuilles de brick.

Cocottes fraîcheur au crabe

Préparation : 30 minutes • Repos : 4 heures • Difficulté : ★ Budget : ★★

Pour 4 personnes

- **10 cl de crème liquide entière**
- **1 feuille de gélatine**
- **200 g de chair de crabe**
- **2 pamplemousses roses**
- **2 avocats**
- **1 citron**
- **2 cuil. à soupe de mayonnaise**
- **Piment de Cayenne**

Fouettez la crème en chantilly et réservez-la au frais.

Mettez la feuille de gélatine à ramollir dans de l'eau froide.

Égouttez la chair de crabe. Épluchez les pamplemousses à vif et prélevez les quartiers de pulpe (les suprêmes) sans les casser.

Écrasez la chair d'un avocat puis ajoutez le crabe, le jus d'un demi-citron, la mayonnaise et une pincée de piment.

Mettez la gélatine essorée à fondre 5 secondes au micro-ondes. Ajoutez-la à la préparation au crabe puis incorporez la crème fouettée. Coupez le 2nd avocat en dés et ajoutez-le au mélange.

Placez les suprêmes de pamplemousse contre la paroi des cocottes si elles sont en verre sinon placez-les en couche au fond. Remplissez les cocottes de mousse au crabe en plaçant au centre 1 ou 2 suprêmes de pamplemousse. Placez au frais 4 heures.

Décorez avec de l'avocat frotté délicatement avec un citron pour qu'il ne noircisse pas et du pamplemousse.

Cocottes gratinées d'épinards aux œufs

Préparation : 20 minutes • Cuisson : 25 minutes • Difficulté : ★ Budget : ★

Pour 4 personnes

- 2 œufs
- 750 g d'épinards en branches surgelés
- 2 cuil. à soupe d'huile d'olive
- Noix de muscade en poudre
- 4 cuil. à soupe de crème fraîche épaisse
- Beurre
- 70 g de parmesan râpé
- Sel et poivre

Préchauffez le four en position gril. Faites cuire les œufs 10 minutes dans de l'eau bouillante. Écalez-les.

Lavez soigneusement les épinards. Triez-les en séparant les feuilles de leur tige. Faites-les revenir dans une casserole avec l'huile d'olive durant 10 minutes, jusqu'à ce que leur volume diminue de moitié. Égouttez-les et mettez-les dans un saladier. Salez et poivrez, puis ajoutez une pincée de muscade et la crème fraîche. Mélangez.

Répartissez la préparation aux épinards dans les cocottes beurrées. Coupez les œufs en deux et enfoncez-les au centre des épinards. Parsemez de parmesan râpé et enfournez pour 5 minutes.

Cocottes indiennes en crumble coco

Préparation : 20 minutes • Cuisson : 50 minutes • Difficulté : ★ Budget : ★

Pour 6 mini cocottes

- 600 g de blancs de poulet
- 2 aubergines
- 2 oignons
- 400 g de tomates concassées en boîte
- 3 cuil. à soupe de pâte de curry jaune
- 6 cuil. à soupe de noix de coco râpée
- 20 cl de lait de coco
- 30 g de farine
- 30 g de beurre salé
- Coriandre, sel et poivre

Détaillez le poulet en cubes. Pelez et coupez les aubergines en dés. Pelez et émincez les oignons et faites-les suer dans une sauteuse jusqu'à ce qu'ils soient translucides. Ajoutez la viande et faites-la dorer en remuant. Ajoutez les tomates, les aubergines, la pâte de curry et 2 cuil. à soupe de noix de coco râpée. Salez et poivrez. Faites cuire 5 minutes. Ajoutez le lait de coco et laissez mijoter 20 minutes.

Mélangez la farine, le reste de noix de coco râpée et le beurre en petits dés. Malaxez jusqu'à l'obtention d'une texture sableuse.

Répartissez le poulet au curry dans chaque cocotte. Recouvrez d'un peu de crumble et faites cuire au four préchauffé à 200 °C (th. 6-7) durant 15 minutes. Servez chaud, et parsemez de coriandre.

Cocottes mexicaines

Préparation : 25 minutes • Cuisson : 1 h 40 • Difficulté : ★ Budget : ★

Pour 6 personnes

- 3 oignons
- 2 cuil. à soupe d'huile d'olive
- 2 poivrons rouges et 2 poivrons verts
- 1 gousse d'ail
- 350 g de viande de bœuf hachée
- 4 cuil. à café de cumin en poudre
- 500 g de tomates concassées
- Piment en poudre
- 800 g d'haricots rouges en boîte
- Sel et poivre

Préchauffez le four à 180 °C (th. 6). Épluchez les oignons et émincez-les. Faites-les revenir doucement dans l'huile d'olive.

Détaillez les poivrons lavés et coupés en dés. Pelez et hachez la gousse d'ail. Ajoutez le tout aux oignons et faites dorer 15 minutes. Ajoutez la viande hachée en augmentant le feu. Incorporez le cumin, salez et poivrez tout en mélangeant. Lorsque la viande est colorée, ajoutez les tomates, une pincée de piment et laissez mijoter 30 minutes environ.

Ajoutez les haricots rouges égouttés. Mélangez et répartissez le chili con carne dans chaque cocotte. Couvrez et mettez au four pour 40 minutes. Servez bien chaud, avec des tortillas chips ou du riz.

Cocottes parmentières de haricots blancs

Préparation : 25 minutes • Cuisson : 1 h 10 • Difficulté : ★ Budget : ★★

Pour 6 personnes

- 4 oignons
- 1 gousse d'ail
- 3 cuil. à soupe d'huile d'olive
- 250 g de viande de bœuf hachée
- 400 g de tomates concassées
- 70 g de concentré de tomates
- 15 cl de vin rouge
- 400 g d'haricots blancs
- Beurre
- 60 g de chapelure
- Sel et poivre

Pelez les oignons et l'ail. Hachez-les et faites-les revenir dans l'huile dans une grande sauteuse. Ajoutez la viande hachée et faites-la dorer en mélangeant. Versez les tomates concassées, le concentré de tomates, le vin, du sel et du poivre et laissez mijoter à découvert 30 minutes en remuant de temps en temps.

Préchauffez le four à 180 °C (th. 6). Réduisez les haricots blancs en purée au mixeur en conservant l'équivalent d'un verre du liquide du bocal. Beurrez les cocottes. Répartissez la viande mijotée dedans, recouvrez avec la purée de haricots blancs, parsemez de chapelure et de quelques noisettes de beurre. Enfournez pour 30 minutes.

Cocottes savoyardes

Préparation : 20 minutes • Cuisson : 45 minutes • Difficulté : ★ Budget : ★

Pour 6 personnes

- **1 kg de pommes de terre**
- **75 cl de lait**
- **Thym**
- **Beurre**
- **20 tranches de lard**
- **200 g de fromage à raclette**
- **25 cl de crème liquide**
- **Sel et poivre**

Épluchez les pommes de terre. Lavez-les et coupez-les en rondelles de 5 mm d'épaisseur. Mettez-les dans une casserole avec le lait. Complétez avec de l'eau pour recouvrir le tout. Ajoutez une branche de thym. Salez, poivrez, portez à ébullition et laissez frémir 20 minutes.

Préchauffez le four à 180 °C (th. 6).

Beurrez les cocottes et tapissez-les avec les tranches de lard en les laissant dépasser un peu, afin de pouvoir les rabattre ensuite.

Égouttez les tranches de pommes de terre, répartissez-les dans les cocottes en les intercalant avec des tranches de fromage à raclette. Salez et poivrez. Versez la crème liquide, rabattez les tranches de lard vers le centre, parsemez d'un peu de thym et de noisettes de beurre et faites cuire au four durant 25 minutes, jusqu'à ce que le lard soit grillé.

Confits de chou rouge aux pommes

Préparation : 20 minutes • Cuisson : 55 minutes • Difficulté : ★ Budget : ★★

Pour 4 personnes

- **½ chou rouge**
- **1 cuil. à soupe d'huile d'olive**
- **1 oignon rouge**
- **1 cuil. à café de sucre**
- **1 cuil. à soupe de vinaigre de cidre**
- **2 pommes**
- **Beurre**
- **4 boudins blancs**
- **Sel et poivre**

Coupez le chou rouge en lamelles et faites-les blanchir 10 minutes dans une casserole d'eau bouillante.

Faites chauffer l'huile dans une sauteuse et mettez l'oignon émincé à fondre. Ajoutez le chou rouge égoutté, le sucre et le vinaigre de cidre. Salez, poivrez et faites mijoter à feu doux durant 30 minutes en mélangeant régulièrement. Si le chou vient à attacher, ajoutez un peu d'eau.

Épluchez et coupez les pommes en dés, faites fondre une noix de beurre dans une poêle et mettez la pomme à dorer puis à cuire pendant 10 minutes. La pomme doit être cuite mais elle doit rester relativement compacte. Ajoutez les dés de pommes au chou rouge dans les 5 dernières minutes de cuisson.

Coupez les boudins blancs en rondelles et mettez-les à cuire 5 minutes dans une poêle très chaude avec un peu de beurre.

Répartissez le chou aux pommes dans les cocottes et déposez les rondelles de boudins.

Crevettes curry coco

Préparation : 15 minutes • Cuisson : 10 minutes • Difficulté : ★ Budget : ★★

Pour 4 personnes

- **800 g de crevettes (grosses)**
- **1 oignon**
- **1 cuil. à soupe d'huile d'olive**
- **2 gousses d'ail**
- **1 cuil. à café de pâte de curry jaune**
- **20 cl de crème de coco**
- **1 cuil. à soupe de coriandre**
- **Piment de Cayenne**
- **Sel et poivre**

Décortiquez les crevettes en laissant uniquement l'extrémité de la queue.

Faites revenir l'oignon dans une sauteuse avec 1 cuil. à soupe d'huile d'olive sans trop les faire colorer. Ajoutez l'ail haché, le curry, la crème de coco et mélangez bien.

Ajoutez les crevettes décortiquées, la coriandre hachée, 1 pincée de piment, sel et poivre. Laissez cuire encore 5 minutes pour réchauffer le tout. Servez aussitôt accompagné de riz.

Courgettes farcies à la ricotta

Préparation : 20 minutes • Cuisson : 45 minutes • Difficulté : ★ Budget : ★

Pour 4 personnes

- **4 courgettes rondes**
- **1 cuil. à soupe d'huile d'olive**
- **80 g de cèpes**
- **1 gousse d'ail**
- **1 cuil. à café de persil haché**
- **200 g de ricotta**
- **30 g de pignons de pin**
- **Sel et poivre**

Ouvrez les courgettes et évidez-les à l'aide d'une cuillère à café. Plongez-les 5 minutes dans une casserole d'eau salée bouillante.

Mettez l'huile d'olive à chauffer dans la poêle et faites revenir les cèpes coupés en morceaux avec l'ail haché pendant 10 minutes. Ajoutez le persil, la chair de courgette, salez, poivrez et laissez refroidir. Ajoutez la ricotta, les pignons et remplissez les courgettes de cette farce.

Déposez quelques pignons sur le dessus et placez les courgettes dans les cocottes, arrosez d'un filet d'huile et mettez au four préchauffé à 180 °C (th. 6) pour 30 minutes.

Crèmes de chou-fleur

Préparation : 15 minutes • Cuisson : 35 minutes • Difficulté : ★ Budget : ★

Pour 4 personnes

- **30 g de beurre et 1 échalote**
- **600 g de chou-fleur**
- **1 cube de bouillon**
- **10 cl de crème liquide**
- **Noix de muscade en poudre**
- **12 noisettes**
- **50 g de lardons allumettes**
- **Huile de noisette**
- **1 cuil. à café de paprika**
- **2 branches de cerfeuil**
- **Sel et poivre**

Dans une sauteuse, faites revenir l'échalote émincée dans le beurre sans colorer. Ajoutez les bouquets de chou-fleur, couvrez avec 1 l d'eau. Ajoutez le cube de bouillon et laissez cuire à feu doux après ébullition, pendant 20 minutes. Ajoutez la crème, une pincée de muscade, salez et poivrez. Mixez le tout jusqu'à l'obtention d'une crème homogène.

Torréfiez les noisettes dans un four préchauffé à 220 °C (th. 7-8) pendant 5 minutes, réservez. Faites revenir les lardons dans une poêle bien chaude pendant 3 minutes.

Remplissez les cocottes de crème de chou-fleur, répartissez les lardons, les noisettes grossièrement hachées, arrosez d'un filet d'huile de noisette, saupoudrez de paprika et déposez 1 ou 2 feuilles de cerfeuil.

Crumbles provençaux

Préparation : 30 minutes • Repos : 30 minutes • Cuisson : 1 heure • Difficulté : ★ Budget : ★

Pour 4 personnes

- **1 oignon rouge et huile d'olive**
- **1 poivron vert et 1 poivron rouge**
- **2 courgettes et 1 aubergine**
- **4 tomates et 2 gousses d'ail**
- **10 cl de coulis de tomates**
- **1 cuil. à soupe d'herbes de Provence**
- **130 g de beurre et 120 g de farine**
- **60 g de parmesan râpé**
- **1 cuil. à soupe de basilic ciselé**
- **Sel et poivre**

Faites revenir l'oignon émincé dans 1 cuil. à soupe d'huile d'olive. Ajoutez les poivrons coupés en morceaux et laissez cuire sur feu doux afin de les faire fondre. Ajoutez 1 cuil. à soupe d'huile puis les courgettes coupées en rondelles, l'aubergine coupée en dés et les tomates épépinées et coupées en quartiers. Ajoutez l'ail haché, le coulis de tomates et les herbes de Provence. Salez, poivrez. Couvrez et laissez cuire à feu doux 30 minutes. Préparez le crumble. Travaillez le beurre à la fourchette, ajoutez la farine, le parmesan râpé, le basilic ciselé, salez légèrement. Malaxez afin de créer un gros sable. Placez au frais pour 30 minutes. Préchauffez le four à 200 °C (th. 6-7). Placez la ratatouille tiédie dans 4 mini cocottes, émiettez le crumble dessus et mettez au four pour 15 minutes.

Étouffés de pommes de terre et saucisses fumées

Préparation : 20 minutes • Cuisson : 45 minutes • Difficulté : ★ Budget : ★★

Pour 4 personnes

- **4 saucisses fumées**
- **800 g de pommes de terre**
- **2 oignons**
- **20 cl de bouillon de volaille**
- **1 cuil. à soupe de thym**
- **Sel et poivre**

Coupez les saucisses en grosses rondelles. Épluchez les pommes de terre et coupez-les en lamelles. Émincez les oignons.

Rangez des couches de pommes de terre, d'oignons et de saucisses en alternance dans les cocottes. Arrosez de bouillon de volaille, saupoudrez de thym, salez légèrement et poivrez.

Fermez les cocottes et placez-les au four préchauffé à 180 °C (th. 6) pour 30 minutes. Contrôlez la cuisson des pommes de terre, poursuivez la cuisson sans couvercle pendant 15 minutes puis servez.

Curry de lotte

Préparation : 20 minutes • Cuisson : 20 minutes • Difficulté : ★ Budget : ★★★

Pour 4 personnes

- **1 oignon**
- **2 gousses d'ail**
- **1 cuil. à soupe d'huile d'olive**
- **1 cuil. à café de curry**
- **½ cuil. à café de gingembre en poudre**
- **1 kg de lotte**
- **10 cl de lait de coco**
- **10 cl de crème liquide allégée**
- **Sel et poivre**

Épluchez l'oignon et les gousses d'ail. Hachez-les et faites-les fondre sans trop colorer dans une sauteuse avec l'huile d'olive. Saupoudrez de curry et de gingembre.

Préchauffez le four à 180 °C (th. 6).

Coupez la lotte en gros morceaux et retirez l'arête centrale. Ajoutez le poisson dans la sauteuse, arrosez de lait de coco et de crème, salez, poivrez et mélangez bien.

Remplissez les mini cocottes de lotte, nappez de sauce au curry, couvrez et laissez cuire au four 15 minutes à 180 °C (th. 6). Servez accompagné de riz basmati.

Endives à l'orange et au canard

Préparation : 15 minutes • Cuisson : 35 minutes • Difficulté : ★ Budget : ★★

Pour 4 personnes

- **8 endives**
- **30 g de beurre**
- **1 cuil. à soupe de sucre**
- **20 cl de jus d'orange**
- **100 g de lardons de canard fumé**
- **Sel et poivre**

Retirez les premières feuilles des endives et coupez-les en deux dans le sens de la longueur. Faites fondre le beurre dans une sauteuse, ajoutez le sucre et lorsque c'est bien chaud, déposez les endives sur la face coupée. Laissez bien caraméliser puis retournez-les.

Lorsque les 2 faces sont dorées, ajoutez le jus d'orange, salez, poivrez et laissez cuire à couvert 20 minutes.

Placez les endives dans les cocottes, arrosez du jus restant, répartissez les lardons de canard et mettez dans un four à 200 °C (th. 6-7) sans couvercle pendant 10 minutes puis servez.

Filets de loup aux petits légumes

Préparation : 20 minutes • Cuisson : 20 minutes • Difficulté : ★ Budget : ★★★

Pour 4 personnes

- **2 carottes**
- **½ courgette**
- **2 blancs de poireau**
- **600 g de filet de loup**
- **4 cuil. à soupe de sauce soja**
- **8 cuil. à soupe de crème liquide**
- **2 cuil. à soupe de basilic**
- **Poivre**

Préchauffez le four à 180 °C (th. 6).

Épluchez et nettoyez les légumes. Taillez-les en julienne. Placez les légumes dans les cocottes.

Coupez le filet de loup en 4 morceaux, roulez-les sur eux-mêmes et placez-les sur les légumes.

Versez 1 cuil. à soupe de sauce soja sur le poisson, puis 2 cuil. à soupe de crème. Saupoudrez de basilic ciselé et poivrez.

Fermez les cocottes et enfournez-les pour 20 minutes. Servez accompagné de riz.

Filets mignons sauce spéculoos

Préparation : 15 minutes • Cuisson : 1 h 10 • Difficulté : ★ Budget : ★★

Pour 4 personnes

- **40 g de beurre**
- **1 cuil. à soupe d'huile d'olive**
- **600 g de filets mignons**
- **2 échalotes**
- **9 spéculoos**
- **20 cl de bière**
- **1 cube de bouillon**
- **Sel et poivre**

Dans une cocotte, faites fondre le beurre avec l'huile puis mettez les filets mignons à dorer.

Ajoutez les échalotes émincées et lorsqu'elles sont translucides ajoutez 5 spéculoos réduits en poudre, la bière et le cube de bouillon. Salez, poivrez et mettez à cuire dans un four préchauffé à 160 °C (th. 5-6) pendant 1 heure en retournant la viande régulièrement.

Coupez les filets mignons en tranches, placez-les dans les mini cocottes, nappez de sauce et saupoudrez avec les 4 spéculoos restants réduits en poudre.

Flans de courgettes au chèvre

Préparation : 20 minutes • Cuisson : 40 minutes • Difficulté : ★ Budget : ★

Pour 4 personnes

- **3 courgettes (petites)**
- **2 œufs**
- **160 g de chèvre frais**
- **6 cl de crème liquide**
- **3 feuilles de basilic**
- **Sel et poivre**

Lavez les courgettes puis coupez-les en rondelles. Mettez-les à cuire dans un cuit-vapeur 10 minutes.

Fouettez les œufs avec le fromage de chèvre et la crème. Hachez les feuilles de basilic, ajoutez-les au mélange, salez et poivrez.

Répartissez les courgettes dans les cocottes et versez doucement la préparation jusqu'à les couvrir. Placez au four pour 30 minutes à 180 °C (th. 6), le flan doit dorer légèrement. Servez chaud ou froid.

Flans de crabe

Préparation : 15 minutes • Cuisson : 40 minutes • Repos : 2 heures • Difficulté : ★ Budget : ★★

Pour 4 personnes

- 4 œufs
- 15 cl de crème liquide
- 2 cuil. à soupe de coulis de tomates
- 2 cuil. à soupe de Maïzena
- 1 cuil. à soupe de ciboulette
- Tabasco
- 250 g de miettes de crabe
- Beurre
- Sel et poivre

Préchauffez le four à 200 °C (th. 6-7).

Fouettez les œufs et la crème.

Ajoutez le coulis, la Maïzena, la ciboulette ciselée, quelques gouttes de Tabasco puis les miettes de crabe égouttées. Salez, poivrez puis remplissez 4 mini cocottes légèrement beurrées.

Placez-les dans un bain-marie puis mettez-les au four pour 40 minutes. À la sortie du four, laissez refroidir puis placez au frais 2 heures minimum.

Fondue savoyarde

Préparation : 15 minutes • Cuisson : 15 minutes • Difficulté : ★ Budget : ★★

Pour 4 personnes

- 1 pain de campagne (rassis)
- 200 g de comté
- 200 g de beaufort
- 200 g d'emmental
- 40 cl de vin blanc sec
- 2 gousses d'ail
- Poivre

Coupez le pain en cubes. Râpez les fromages.

Placez les mini cocottes, de préférence en fonte, dans le four chaud à 200 °C (th. 6-7) pour 15 minutes.

Dans une casserole, mettez le vin blanc à chauffer. Ajoutez petit à petit le fromage, en remuant constamment. Lorsqu'il est totalement fondu, frottez l'intérieur des mini cocottes chaudes avec les gousses d'ail coupées en deux et versez le fromage fondu. Poivrez et fermez les cocottes. Servez aussitôt accompagné de dés de pain, d'une salade verte et éventuellement de pommes de terre au four.

Fricassée des bois

Préparation : 15 minutes • Cuisson : 20 minutes • Difficulté : ★ Budget : ★★★

Pour 4 personnes

- **600 g d'un mélange de champignons forestiers (girolles, chanterelles, pleurotes, cèpes...)**
- **1 cuil. à soupe d'huile d'olive**
- **2 échalotes**
- **2 gousses d'ail**
- **2 cuil. à soupe de persil haché**
- **Sel et poivre**

Nettoyez les champignons en les lavant rapidement sous un filet d'eau. Épongez-les soigneusement avec du papier essuie-tout. Coupez les gros champignons en morceaux et conservez soigneusement les petits champignons en entier.

Dans une poêle, faites chauffer l'huile, faites-y blondir les échalotes hachées puis réservez-les dans un bol.

Ajoutez les champignons en morceaux dans la poêle et laissez cuire pendant 10 minutes en mélangeant régulièrement. Ajoutez les petits champignons entiers, les échalotes, l'ail écrasé et le persil. Salez et poivrez. Laissez cuire encore 5 minutes puis répartissez dans les mini cocottes.

Gratins terre et mer

Préparation : 30 minutes • Cuisson : 35 minutes • Difficulté : ★ Budget : ★★

Pour 4 personnes

- 1 courgette (petite)
- 1 carotte
- 1 navet
- 20 g de beurre
- 30 g de farine
- 30 cl de lait
- 80 g d'emmental râpé
- 2 branches d'aneth
- 3 cuil. à soupe de crème fraîche épaisse
- 200 g de noix de pétoncle
- 150 g de lardons de saumon fumé
- Sel et poivre

Préchauffez le four à 200 °C (th. 6-7).

Épluchez les légumes et coupez-les en julienne à l'aide d'une mandoline ou d'une grosse râpe.

Faites fondre le beurre dans une casserole, ajoutez la farine, mélangez bien puis ajoutez le lait tiédi petit à petit et faites épaissir à feu moyen en mélangeant constamment. Salez, poivrez, ajoutez 60 g de fromage, l'aneth ciselé et la crème.

Mélangez cette sauce avec la julienne de légumes, les noix de pétoncle et le saumon.

Répartissez le tout dans les cocottes, saupoudrez de restant de fromage et mettez au four 25 minutes. Les gratins doivent être joliment dorés.

Goulache

Préparation : 20 minutes • Cuisson : 2 h 30 • Difficulté : ★ Budget : ★★

Pour 4 personnes

- **500 g de bœuf à braiser**
- **2 cuil. à soupe d'huile d'olive**
- **2 oignons**
- **2 gousses d'ail**
- **2 cuil. à soupe de farine**
- **20 cl de coulis de tomates**
- **1 cube de bouillon**
- **2 cuil. à soupe de paprika**
- **1 bouquet garni**
- **Sel et poivre**

Coupez la viande en gros dés et faites-la revenir dans une cocotte avec l'huile d'olive. Retirez la viande et mettez les oignons à dorer ainsi que l'ail haché.

Replacez la viande dans le faitout, ajoutez la farine et mélangez bien afin qu'elle enrobe tous les morceaux de viande. Ajoutez le coulis de tomates, le cube de bouillon, le paprika et le bouquet garni. Salez, poivrez, couvrez d'eau et mettez à cuire 2 h 30 sur feu doux. Mélangez de temps en temps.

Répartissez la viande et les carottes dans les mini cocottes et servez accompagné de pommes de terre vapeur ou de pâtes fraîches.

Conseil : ce plat est encore meilleur réchauffé. Préparez-le la veille et réchauffez-le dans les mini cocottes dans un four à 180 °C (th. 6) pendant 20 minutes.

Gâteaux de pomme de terre au chèvre

Préparation : 20 minutes • Cuisson : 40 minutes • Difficulté : ★ Budget : ★

Pour 4 personnes

- **1 bûche de chèvre**
- **400 g de pommes de terre**
- **Beurre**
- **2 œufs**
- **15 cl de crème liquide**
- **2 cuil. à café de romarin**
- **Sel et poivre**

Coupez 4 tranches de fromage de chèvre puis émiettez le restant de fromage.

Épluchez les pommes de terre et coupez-les en rondelles fines à l'aide d'une mandoline. Beurrez les cocottes et rangez soigneusement les rondelles de pomme de terre en les faisant se chevaucher. Entre les différentes couches, dispersez les miettes de fromage.

Mélangez les œufs, la crème, le romarin, salez et poivrez. Versez ce mélange et laissez-le couler entre les pommes de terre. Placez une tranche de fromage sur le dessus et mettez au four préchauffé à 200 °C (th. 6-7) pour 40 minutes.

Gratins de pâtes

Préparation : 20 minutes • Cuisson : 30 minutes • Difficulté : ★ Budget : ★

Pour 4 personnes

- **100 g de pâtes**
- **150 g de champignons de Paris en boîte**
- **200 g de jambon en dés**
- **12 cl de crème liquide**
- **100 g de fromage râpé**
- **Sel et poivre**

Mettez les pâtes à cuire dans une grande casserole d'eau salée en respectant le temps de cuisson indiqué sur l'emballage. Égouttez-les bien puis versez-les dans un saladier.

Préchauffez le four à 180 °C (th. 6).

Ajoutez les champignons égouttés et coupés en morceaux, le jambon, la crème et le fromage râpé. Mélangez bien, salez et poivrez.

Remplissez 4 mini cocottes et placez-les au four pour 20 minutes. Servez aussitôt.

Gratins d'aubergine à la provençale

Préparation : 45 minutes • Cuisson : 45 minutes • Difficulté : ★ Budget : ★

Pour 4 personnes

- 30 cl de coulis de tomates
- 1 cuil. à soupe de basilic
- 2 aubergines
- 10 cl d'huile d'olive
- 100 g de parmesan râpé
- Sel et poivre

Versez le coulis dans une casserole, ajoutez le basilic haché, salez et poivrez. Préchauffez le four à 200 °C (th. 6-7).

Coupez les aubergines en rondelles de 0,5 cm d'épaisseur. Badigeonnez-les d'huile d'olive, alignez-les sur une plaque de cuisson recouverte d'une feuille de papier sulfurisé et mettez-les au four jusqu'à ce qu'elles soient dorées, cela prend 10 à 15 minutes. Dans les mini-cocottes, alternez les tranches d'aubergine avec du coulis et le parmesan. Terminez par une couche de coulis et saupoudrez de parmesan.

Mettez au four 30 minutes à 200 °C (th. 6-7).

Gratins de courgette

Préparation : 20 minutes • Cuisson : 35 minutes • Difficulté : ★ Budget : ★

Pour 4 personnes

- 2 courgettes
- 1 oignon
- 2 cuil. à soupe d'huile d'olive
- 2 gousses d'ail
- 5 feuilles de basilic
- 2 œufs
- 18 cl de crème liquide
- 60 g d'emmental râpé
- Sel et poivre

Lavez les courgettes, coupez-les en dés. Hachez l'oignon et mettez-le à blondir dans une casserole avec l'huile d'olive.

Ajoutez les courgettes, l'ail écrasé et laissez cuire sur feu doux 15 minutes en mélangeant régulièrement. Ajoutez le basilic haché, salez et poivrez.

Fouettez les œufs et la crème, ajoutez les courgettes, le fromage râpé et mélangez bien.

Répartissez la préparation dans 4 cocottes et mettez au four 20 minutes à 200 °C (th. 6-7). Puis servez chaud ou froid en accompagnement d'une viande.

Joue de bœuf sauce au maroilles

Préparation : 30 minutes • Cuisson : 2 h 50 • Difficulté : ★ Budget : ★★

Pour 6 personnes

- **50 g de saindoux**
- **1,4 kg de joue de bœuf**
- **1 oignon**
- **3 cuil. à soupe de farine**
- **6 carottes**
- **50 cl de bière brune**
- **50 cl de bouillon de bœuf**
- **1 feuille de laurier**
- **1 branche de thym**
- **2 clous de girofle**
- **200 g de maroilles**
- **Sel et poivre**

Faites fondre le saindoux dans une cocotte en fonte et faites dorer la viande coupée en gros cubes. Après coloration, retirez les morceaux de viande et faire fondre doucement l'oignon finement émincé.

Replacez la viande dans la cocotte, saupoudrez de farine et mélangez bien.

Ajoutez les carottes pelées, lavées et coupées en rondelles et couvrez avec la bière et le bouillon. Salez modérément, poivrez, ajoutez le laurier, le thym, les clous de girofle et laissez mijoter 2 heures à couvert.

Retirez la croûte du maroilles, coupez-le en petits morceaux et ajoutez-le à la viande. Laissez mijoter encore 30 minutes.

Servez accompagné de frites ou de pâtes fraîches.

Conseil : pour un goût encore plus relevé, laissez la croûte du maroilles.

Langue de veau sauce piquante

Préparation : 40 minutes • Cuisson : 1 h 20 • Difficulté : ★ Budget : ★★

Pour 4 personnes

- 1 langue de veau
- 2 carottes
- 1 branche de céleri
- 1 oignon
- 3 clous de girofle
- 1 bouquet garni

Pour la sauce

- 2 échalotes
- 1 cuil. à soupe d'huile d'olive
- 1 cuil. à soupe de farine
- 2 cuil. à soupe de concentré de tomates
- 10 cl de vinaigre de pomme
- 1 cuil. à café de sucre
- 10 cornichons
- Sel et poivre

Rincez la langue sous un filet d'eau puis placez-la dans une cocotte avec les carottes en rondelles, la branche de céleri coupée en petits morceaux, l'oignon piqué de clous de girofle et le bouquet garni.

Couvrez d'eau froide, salez, poivrez et portez à ébullition puis poursuivez la cuisson 1 heure sur feu doux. La langue est bien cuite lorsque le couteau pénètre facilement la viande. Sortez la langue de la cocotte et retirez la peau, réservez.

Pour la sauce piquante, émincez les échalotes et mettez-les à suer dans l'huile sans colorer. Lorsqu'elles sont translucides, ajoutez la farine et mélangez soigneusement.

Ajoutez le concentré de tomates, le vinaigre, le sucre et 40 cl de bouillon de cuisson. Rectifiez l'assaisonnement et laissez cuire 10 minutes à petits bouillons.

Coupez la langue en tranches fines et régulières, placez-les dans la sauce et ajoutez les cornichons coupés en rondelles. Laissez cuire encore 10 minutes avant de répartir la langue nappée de sauce dans les mini cocottes.

Lasagne parmentières au saumon

Préparation : 30 minutes • Cuisson : 40 minutes • Difficulté : ★ Budget : ★★

Pour 4 personnes

- **800 g de pommes de terre**
- **300 g de saumon frais**
- **2 branches d'aneth**
- **4 portions d'épinards surgelés (en feuilles)**
- **50 g de fromage râpé**
- **15 cl de crème liquide**
- **Sel et poivre**

Lavez et épluchez les pommes de terre et mettez-les à cuire dans une casserole d'eau bouillante salée pendant 20 minutes. Vérifiez la cuisson avec la pointe d'un couteau, il doit rentrer facilement mais les pommes de terre doivent être encore fermes. Égouttez-les et coupez-les en rondelles.

Coupez le saumon en tranches de 1 cm d'épaisseur. Ciselez l'aneth.

Placez une couche de pommes de terre au fond des cocottes, couvrez d'une couche d'épinards et des tranches de saumon. Salez, poivrez et saupoudrez d'aneth puis recommencez et finissez par une couche de pommes de terre.

Salez, poivrez et saupoudrez un peu de fromage puis arrosez de crème liquide.

Placez au four pour 20 minutes à 180 °C (th. 6).

Décorez d'une pluche d'aneth et servez.

Gratins de fenouil

Préparation : 25 minutes • Cuisson : 30 minutes • Difficulté : ★ Budget : ★

Pour 4 personnes

- **2 bulbes de fenouil**
- **1 cuil. à soupe d'huile d'olive**
- **20 cl de crème liquide**
- **50 g d'emmental râpé**
- **Sel et poivre**

Nettoyez les bulbes de fenouil et retirez les feuilles extérieures. Coupez les bulbes en quartiers et faites-les revenir dans l'huile d'olive pendant 10 minutes, ils vont prendre une belle couleur dorée.

Préchauffez le four à 180 °C (th. 6). Salez et poivrez puis placez-les dans les cocottes.

Arrosez de crème et saupoudrez de fromage.

Mettez au four pour 20 minutes.

Servez décoré de petites feuilles de fenouil.

Gratins de ravioles

Préparation : 20 minutes • Cuisson : 35 minutes • Difficulté : ★ Budget : ★

Pour 4 personnes

- **3 poireaux**
- **30 g de margarine**
- **80 g de fromage râpé**
- **100 g de lardons de saumon fumé**
- **30 cl de crème liquide entière**
- **1 paquet de ravioles du Dauphiné**

Nettoyez les poireaux, coupez-les en rondelles et lavez-les. Égouttez-les et mettez-les à cuire dans une poêle avec la margarine pendant 15 minutes. Une fois que les poireaux sont tendres, arrêtez le feu.

Ajoutez les trois quarts du fromage et le saumon.

Séparez les ravioles les unes des autres quand elles sont encore congelées, cela facilite la tâche. Mélangez les ravioles aux poireaux et répartissez le tout dans les cocottes en y ajoutant la crème liquide.

Saupoudrez de fromage râpé et mettez au four préchauffé à 180 °C (th. 6) pour 20 minutes. Sortez une fois bien gratiné et servez.

Lasagne de ravioles aux poireaux

Préparation : 25 minutes • Cuisson : 40 minutes • Difficulté : ★ Budget : ★

Pour 4 personnes

- **3 poireaux**
- **12 cuil. à soupe de crème fraîche épaisse**
- **2 cuil. à soupe d'huile d'olive**
- **8 plaquettes de ravioles de Romans**
- **75 g de gruyère râpé**
- **Sel et poivre**

Lavez soigneusement les poireaux, jetez le vert et émincez finement le blanc. Dans une sauteuse, faites revenir les poireaux durant une vingtaine de minutes jusqu'à ce qu'ils soient bien fondus. Ajoutez 9 cuil. à soupe de crème fraîche. Salez et poivrez.

Préchauffez le four à 180 °C (th. 6). Commencez le montage des lasagne : répartissez au fond de chaque cocotte une couche de ravioles. Versez par-dessus un peu de fondue de poireaux. Renouvelez l'opération jusqu'à épuisement des ingrédients en terminant par une couche de ravioles. Versez le reste de crème fraîche et parsemez de gruyère râpé.

Mettez au four pour 20 minutes jusqu'à ce que la surface des lasagne soit bien gratinée.

Marmites de velouté de potiron aux ravioles

Préparation : 10 minutes • Cuisson : 45 minutes • Difficulté : ★ Budget : ★

Pour 6 personnes

- **500 g de potiron**
- **2 oignons émincés**
- **2 gousses d'ail hachées**
- **1 cuil. à soupe d'huile d'olive**
- **1 plaquette de ravioles de Romans**
- **1 cube de bouillon de volaille**
- **Ciboulette**
- **Sel et poivre**

Faites fondre les oignons et l'ail dans une casserole à fond épais, avec l'huile d'olive. Pelez et détaillez le potiron en cubes. Ajoutez-le dans la casserole avec l'ail et l'oignon. Mélangez et faites cuire 10 minutes sur feu doux.

Versez 50 cl d'eau. Ajoutez le cube de bouillon émietté, du sel et du poivre et faites mijoter 30 minutes environ, jusqu'à ce que le potiron soit tendre. Passez ensuite au mixeur en ajoutant un peu d'eau si la consistance du velouté vous semble trop épaisse.

Faites cuire les ravioles selon les indications du paquet. Versez le velouté de potiron bien chaud dans chaque petite marmite et déposez à la surface quelques ravioles. Laissez reposer 5 minutes environ avant de déguster. Décorez de brins de ciboulette.

Marmites de la mer

Préparation : 25 minutes • Cuisson : 30 minutes • Difficulté : ★ Budget : ★★

Pour 6 cocottes

- **200 g de champignons de Paris**
- **2 échalotes**
- **Huile d'olive**
- **30 g de beurre doux**
- **30 g de farine**
- **100 g de crevettes roses (décortiquées)**
- **3 pavés de saumon**
- **6 filets de merlan**
- **Le jus de 1 citron**
- **20 cl de vin blanc**
- **Sel et poivre**

Préparez la sauce : faites revenir dans une poêle les champignons et les échalotes dans un peu d'huile d'olive. Réalisez un roux dans une casserole avec le beurre et la farine. Mélangez et ajoutez petit à petit le jus de citron et le vin blanc. Ajoutez un peu d'eau pour fluidifier la sauce si besoin. Ajoutez les crevettes décortiquées. Mélangez le tout en chauffant doucement. Salez et poivrez. Répartissez cette sauce dans chaque cocotte.

Coupez les pavés de saumon en 6 morceaux égaux. Prenez un filet de poisson. Étalez-le et déposez un morceau de saumon au centre. Roulez-le sur lui-même et maintenez-le avec une pique en bois.

Préchauffez le four à 200 °C (th. 6-7).

Déposez les médaillons de poisson sur la sauce, dans chaque cocotte. Salez et poivrez. Mettez au four pour 20 minutes.

Mille-feuilles de courgette et saumon

Préparation : 30 minutes • Cuisson : 25 minutes • Difficulté : ★ Budget : ★

Pour 4 personnes

- **2 courgettes**
- **3 cuil. à soupe d'huile d'olive**
- **300 g de pavés de saumon**
- **2 cuil. à café de basilic**
- **100 g d'emmental en tranches**
- **4 cuil. à soupe de crème liquide**
- **Sel et poivre**

Lavez les courgettes, retirez les extrémités et coupez-les en lamelles de 0,5 cm d'épaisseur à l'aide d'une mandoline. Badigeonnez-les d'huile et mettez-les à dorer dans une poêle sur chaque face. Adaptez la taille des courgettes aux cocottes utilisées.

Coupez le saumon en lamelles, salez et poivrez-le.

Alternez dans les cocottes, les courgettes, le saumon, le basilic haché et le fromage en commençant et finissant par la courgette. Arrosez de 1 cuil. à soupe de crème par cocotte.

Fermez les cocottes et placez-les au four préchauffé à 180 °C (th. 6) pour 20 minutes.

Moules sauce au roquefort

Préparation : 30 minutes • Cuisson : 25 minutes • Difficulté : ★ Budget : ★

Pour 4 personnes

- **3 l de moules**
- **30 g de margarine**
- **2 échalotes**
- **1 cuil. à soupe de persil**
- **20 cl de vin blanc sec**
- **25 cl de crème liquide**
- **100 g de roquefort**
- **Sel et poivre**

Grattez les moules et lavez-les.

Dans une grande cocotte, faites fondre la margarine et mettez les échalotes finement hachées à fondre.

Ajoutez les moules, le persil puis versez le vin blanc. Salez légèrement et poivrez.

Couvrez et faites cuire à feu vif, en mélangeant de temps en temps.

Arrêtez la cuisson lorsque toutes les moules sont ouvertes au bout de 10 à 15 minutes.

Pendant la cuisson des moules, faites chauffer la crème avec le roquefort émietté. Portez à ébullition et mélangez pour bien faire fondre le fromage.

Remplissez les cocottes de moules avec leur coquille puis ajoutez des moules sans coquille. Arrosez de sauce au roquefort bien chaude et servez aussitôt accompagné de frites.

Moussaka

Préparation : 40 minutes • Cuisson : 1 heure • Difficulté : ★ Budget : ★★

Pour 4 personnes

- **2 aubergines**
- **Huile d'olive**
- **2 gousses d'ail**
- **1 gros oignon**
- **500 g d'agneau haché**
- **400 g de tomates concassées en boîte**
- **1 cuil. à soupe de thym**
- **100 g de fromage râpé**
- **Sel et poivre**

Lavez et coupez les aubergines en rondelles fines. Badigeonnez-les d'huile à l'aide d'un pinceau, placez-les sur une plaque de cuisson recouverte de papier sulfurisé puis mettez-les au four 10 minutes à 210 °C (th. 7) pour les dorer.

Dans une poêle, faites revenir l'ail et l'oignon émincés avec 1 cuil à soupe d'huile d'olive sans trop faire colorer puis ajoutez l'agneau haché et laissez cuire à feu doux 5 minutes. Ajoutez les tomates concassées, le thym, salez et poivrez. Laissez cuire à petits bouillons pendant 15 minutes.

Alternez les couches d'aubergine et de viande dans les mini cocottes. Terminez par une couche de viande. Parsemez de fromage râpé et mettez à cuire pour 30 minutes à 180 °C (th. 6) jusqu'à ce que la moussaka soit dorée.

Œufs cocotte champignons et gorgonzola

Préparation : 10 minutes • Cuisson : 18 minutes • Difficulté : ★ Budget : ★

Pour 4 personnes

- **200 g de champignons de Paris émincés en boîte**
- **½ gousse d'ail**
- **2 tranches de jambon blanc**
- **50 g de gorgonzola**
- **4 œufs**
- **10 cl de crème liquide**
- **Huile d'olive**
- **Persil**
- **Sel et poivre**

Faites revenir dans un peu d'huile d'olive les champignons de Paris durant une dizaine de minutes. Ajoutez l'ail haché et du persil ciselé. Détaillez les tranches de jambon en allumettes. Coupez le gorgonzola en dés.

Répartissez les champignons, le jambon et le fromage au fond de chaque cocotte. Cassez les œufs un à un en les versant délicatement dans chaque cocotte. Salez et poivrez.

Répartissez la crème liquide sur les œufs et éparpillez quelques feuilles de persil à la surface. Faites cuire les cocottes au bain-marie dans le four préchauffé à 200 °C (th. 6-7), durant 8 minutes. Les œufs cocotte sont cuits lorsque le blanc de l'œuf devient opaque.

Parmentiers de poisson

Préparation : 30 minutes • Cuisson : 42 minutes • Difficulté : ★ Budget : ★★

Pour 4 personnes

- **800 g de pommes de terre**
- **2 carottes**
- **500 g de filets de cabillaud**
- **1 cuil. à soupe de crème fraîche épaisse**
- **3 cuil. à soupe de pesto**
- **4 cuil. à soupe de chapelure**
- **Huile d'olive**
- **Beurre**
- **Sel et poivre**

Épluchez les pommes de terre et les carottes, coupez-les en morceaux et mettez-les à cuire dans l'eau bouillante salée 20 minutes.

Mettez le poisson à cuire 2 minutes au micro-ondes puis émiettez-le. Égouttez les légumes et écrasez-les avec un presse-purée. Ajoutez la crème et 1 cuil. à soupe d'huile d'olive. Salez, poivrez et mélangez bien.

Ajoutez le pesto au poisson. Beurrez 4 cocottes, étalez une couche de purée dans leur fond. Répartissez le poisson puis couvrez du reste de purée. Lissez la surface puis saupoudrez de chapelure. Arrosez d'un filet d'huile d'olive et mettez au four préchauffé à 200 °C (th. 6-7) pour 20 minutes. Servez aussitôt.

Paupiettes de veau aux fruits secs

Préparation : 15 minutes • Cuisson : 25 minutes • Difficulté : ★ Budget : ★★

Pour 4 personnes

- **180 g de chair à saucisse**
- **100 g de pignons de pin**
- **120 g de raisins secs**
- **4 escalopes de veau (fines)**
- **30 g de margarine**
- **1 cube de bouillon**
- **4 figues séchées**
- **8 abricots secs**
- **Sel et poivre**

Mélangez la chair à saucisse, ajoutez 30 g de pignons et 30 g de raisins. Salez et poivrez. Aplatissez les escalopes et placez au milieu un peu de farce. Refermez l'escalope et maintenez-la ainsi à l'aide de ficelle de cuisine.

Préchauffez le four à 200 °C (th. 6-7). Faites fondre la margarine dans une sauteuse et faites dorer les paupiettes sur chaque face. Réservez-les. Diluez le cube de bouillon avec 20 cl d'eau et versez-le dans la sauteuse. Ajoutez les fruits secs, les pignons et les raisins restants puis portez à ébullition. Placez les paupiettes dans 4 mini cocottes, répartissez les fruits secs et versez le bouillon. Fermez les cocottes et mettez au four pour 20 minutes. Servez accompagné de semoule à couscous.

Navarins d'agneau express

Préparation : 20 minutes • Cuisson : 1 heure • Difficulté : ★ Budget : ★★

Pour 4 personnes

- **400 g de pommes de terre nouvelles**
- **4 petits navets**
- **1 oignon**
- **1 cuil. à soupe d'huile d'olive**
- **600 g d'agneau (dans l'épaule ou le collier)**
- **2 gousses d'ail**
- **1 cube de bouillon**
- **1 bouquet garni**
- **500 g de mélange de petits pois et carottes surgelés**
- **Sel et poivre**

Épluchez les légumes. Coupez les navets en quatre. Émincez l'oignon.

Faites chauffer l'huile d'olive dans une cocotte et mettez-y la viande à dorer sur feu vif. Ajoutez l'ail haché et l'oignon, mélangez bien. Couvrez d'eau, ajoutez le cube de bouillon, le bouquet garni, salez et poivrez. Portez à ébullition, puis laissez mijoter à feu doux 30 minutes.

Ajoutez les pommes de terre, les navets et le mélange de petits pois et carottes, et laissez cuire 20 minutes à couvert jusqu'à ce que les légumes soient tendres.

Coupez la viande en morceaux, répartissez-la avec les légumes dans les cocottes et servez.

Œufs cocotte aux cèpes et foie gras

Préparation : 15 minutes • Cuisson : 30 minutes • Difficulté : ★ Budget : ★★★

Pour 4 personnes

- **100 g de cèpes**
- **1 cuil. à soupe d'huile d'olive**
- **120 g de foie gras**
- **15 cl de crème liquide**
- **4 œufs**
- **4 tranches de pain d'épices**
- **Fleur de sel et poivre**

Nettoyez les cèpes, coupez-les en morceaux et faites-les revenir dans une poêle avec l'huile d'olive pendant 15 minutes. Salez et poivrez.

Beurrez 4 cocottes, répartissez les cèpes et la moitié du foie gras coupé en dés. Couvrez de crème puis cassez délicatement un œuf par-dessus. Déposez le restant de foie gras, salez et poivrez.

Mettez au four pour 15 minutes à 180 °C (th. 6) dans un bain-marie.

Servez dès la sortie du four avec des mouillettes de pain d'épices grillé.

Osso-buco

Préparation : 30 minutes • Cuisson : 2 h 20 • Difficulté : ★ Budget : ★★

Pour 4 personnes

- 3 cuil. à soupe d'huile d'olive
- 4 jarrets de veau
- 2 oignons
- 2 cuil. à soupe de farine
- 5 carottes
- 1 branche de céleri
- 2 gousses d'ail
- 4 cuil. à café de persil haché
- 15 cl de vin blanc
- 500 g de pulpe de tomates
- 1 cube de bouillon
- 1 orange non traitée
- Sel et poivre

Mettez l'huile à chauffer dans une cocotte et mettez la viande à dorer sur les 2 faces.

Retirez la viande et mettez les oignons émincés à dorer. Replacez la viande dans la cocotte, saupoudrez de farine, mélangez bien puis ajoutez les carottes coupées en dés, le céleri, l'ail haché et le persil.

Versez le vin blanc et laissez cuire à feu vif 10 minutes. Ajoutez la pulpe de tomates, le cube de bouillon et 10 cl d'eau. Salez, poivrez, répartissez la viande, les légumes et la sauce dans les cocottes et fermez-les.

Mettez à cuire 2 heures dans un four préchauffé à 160 °C (th. 5-6). Un quart d'heure avant la fin de cuisson, ajoutez le zeste de l'orange. Servez accompagné de pâtes fraîches.

Conseil : vous pouvez choisir de faire toute la cuisson dans une grande cocotte et ensuite de répartir dans les mini cocottes.

Pie au poulet

Préparation : 25 minutes • Cuisson : 45 minutes • Difficulté : ★ Budget : ★

Pour 4 personnes

- **3 carottes ; 1 oignon**
- **2 blancs de poulet**
- **50 g de beurre**
- **100 g de petits pois**
- **1 cuil. à soupe de farine**
- **10 cl de vin blanc sec**
- **25 cl de crème liquide**
- **1 bouquet de persil**
- **1 pâte feuilletée**
- **1 jaune d'œuf**
- **Sel et poivre**

Pelez les carottes et l'oignon. Émincez-les en julienne. Coupez les blancs de poulet en fines lamelles. Faites fondre du beurre dans une sauteuse. Ajoutez tous les légumes et laissez cuire à feu doux 10 minutes. Retirez-les. Mettez du beurre dans la poêle. Déposez le poulet. Salez et poivrez. Faites-le dorer quelques minutes. Répartissez dans les cocottes les légumes et le poulet. Dans la sauteuse faites fondre du beurre avec la farine. Mélangez au fouet. Versez ensuite le vin et la crème. Salez et poivrez. Laissez épaissir 5 minutes. Ajoutez le persil ciselé. Versez cette sauce sur les légumes et le poulet.

Déroulez la pâte feuilletée et découpez 4 disques. Couvrez les cocottes avec les disques de pâte. Formez des petites cheminées avec du papier aluminium en les plantant au milieu des tourtes. Dorez au jaune d'œuf. Enfournez et faites cuire 30 minutes.

Piperade

Préparation : 20 minutes • Cuisson : 36 minutes • Difficulté : ★ Budget : ★

Pour 4 personnes

- **2 oignons**
- **8 piments doux (verts et rouges)**
- **2 cuil. à soupe d'huile d'olive**
- **2 gousses d'ail**
- **2 cuil. à café de thym**
- **5 tomates**
- **½ cuil. à café de piment d'Espelette en poudre**
- **4 œufs**
- **Sel**

Épluchez et émincez les oignons. Épépinez les piments doux et émincez-les. Faites chauffer l'huile d'olive dans une sauteuse et faites revenir les oignons et les piments sur feu doux pour ne pas colorer. Ajoutez l'ail haché, le thym, salez et laissez cuire 15 minutes.

Plongez les tomates dans une casserole d'eau bouillante 1 minute, puis épluchez-les. Coupez-les en morceaux et ajoutez-les dans la sauteuse ainsi que le piment en poudre. Couvrez et laissez cuire 15 minutes.

Battez les œufs en omelette, versez-les sur les légumes. Avec une cuillère en bois, mélangez doucement, jusqu'à ce que les œufs soient cuits. Servez dans les cocottes en accompagnement d'une viande.

Pommes de terre paysannes

Préparation : 30 minutes • Cuisson : 25 minutes • Difficulté : ★ Budget : ★

Pour 4 personnes

- **800 g de pommes de terre**
- **2 cuil. à soupe d'huile d'olive**
- **1 cuil. à café de paprika**
- **2 oignons**
- **100 g de lardons**
- **2 cuil. à café de fines herbes**
- **Sel et poivre**

Épluchez les pommes de terre et coupez-les en petits dés. Placez-les dans un saladier, arrosez-les avec 1 cuil. à soupe d'huile d'olive, saupoudrez-les de paprika et mélangez bien. Étalez les pommes de terre sur une plaque de cuisson recouverte d'une feuille de papier sulfurisé et mettez-les au four 15 minutes à 210 °C (th. 7).

Pendant ce temps, épluchez et émincez les oignons, faites-les revenir dans une poêle avec 1 cuil. à soupe d'huile d'olive. Quand ils sont bien blonds, ajoutez les lardons et poursuivez la cuisson 3 minutes.

Mélangez les pommes de terre, les oignons, les lardons, ajoutez les herbes, salez légèrement, poivrez et remplissez les cocottes graissées. Mettez au four 15 minutes à découvert à 210 °C (th. 7).

Porc au caramel

Préparation : 30 minutes • Cuisson : 30 minutes • Difficulté : ★ Budget : ★

Pour 4 personnes

- **30 g de raisins secs**
- **1 oignon**
- **30 g de beurre**
- **800 g de filet de porc**
- **3 cuil. à soupe de sucre**
- **2 cuil. à soupe de sauce soja**

Mettez les raisins à gonfler dans de l'eau chaude. Émincez l'oignon et mettez-le à fondre dans une cocotte avec le beurre sans colorer.

Coupez la viande en lanières et ajoutez-la aux oignons. Laissez cuire 10 minutes puis retirez la viande, versez le sucre dans la cocotte et chauffez jusqu'à l'obtention d'un caramel. Replacez la viande dans la cocotte et mélangez bien.

Ajoutez les raisins secs égouttés, la sauce soja et 30 cl d'eau. Laissez cuire à découvert jusqu'à ce que les liquides s'évaporent et que la sauce épaississe.

Servez dans les mini cocottes accompagné de riz.

Porc façon Orloff

Préparation : 15 minutes • Cuisson : 26 minutes • Difficulté : ★ Budget : ★

Pour 4 personnes

- **500 g de sauté de porc**
- **40 g de margarine**
- **50 g de lardons**
- **10 cl de crème liquide**
- **4 tranches de gouda**
- **Sel et poivre**

Coupez le porc en petits morceaux. Faites fondre la margarine dans une sauteuse et faites revenir la viande pendant 5 minutes.

Ajoutez les lardons, laissez cuire 1 minute puis répartissez la viande dans les cocottes. Poivrez et salez très légèrement, nappez de crème puis couvrez avec 1 tranche de gouda.

Mettez au four pour 20 minutes à 180 °C (th. 6).

Servez aussitôt accompagné de pâtes fraîches.

Pot-au-feu de saumon

Préparation : 45 minutes • Cuisson : 40 minutes • Difficulté : ★ Budget : ★★★

Pour 4 personnes

- **2 poireaux**
- **4 carottes**
- **6 pommes de terre**
- **1 feuille de laurier**
- **1 branche de thym**
- **1 cuil. à soupe de fumet de poisson**
- **4 pavés de saumon**
- **3 échalotes**
- **2 cuil. à soupe d'huile d'olive**
- **12,5 cl de vin blanc**
- **12 cl de crème liquide**
- **Sel et poivre**

Épluchez et lavez les légumes, coupez-les en rondelles. Placez-les dans une grande cocotte, couvrez d'eau, salez, ajoutez le laurier, le thym, le fumet de poisson et portez à ébullition. Laissez cuire 15 minutes, jusqu'à ce que les légumes soient tendres.

Coupez le saumon en gros cubes, ajoutez-les aux légumes et laissez cuire 5 minutes.

Épluchez les échalotes et mettez-les à suer dans l'huile d'olive. Versez le vin blanc et portez à ébullition. Laissez cuire jusqu'à réduction de moitié. Ajoutez 2 louches de bouillon de cuisson des légumes, portez à ébullition puis ajoutez la crème. Salez et poivrez.

Répartissez le saumon et les légumes dans les cocottes, couvrez de sauce et servez.

Poulet à l'estragon

Préparation : 20 minutes • Cuisson : 30 minutes • Difficulté : ★ Budget : ★

Pour 4 personnes

- **4 escalopes de poulet**
- **30 g de margarine**
- **2 cuil. à soupe de farine**
- **1 cube de bouillon**
- **2 cuil. à soupe d'estragon**
- **15 cl de crème liquide**
- **Sel et poivre**

Coupez le poulet en dés et mettez-le à dorer avec la margarine dans une cocotte pendant 5 minutes.

Lorsque la viande est dorée, saupoudrez-la de farine, mélangez bien. Ajoutez le cube de bouillon, l'estragon haché, puis couvrez d'eau à hauteur de viande. Couvrez et mettez à cuire 20 minutes sur feu doux.

Ajoutez la crème, rectifiez l'assaisonnement et laissez cuire encore 5 minutes puis servez dans des mini cocottes.

Poulet au citron en gelée

Préparation : 30 minutes • Cuisson : 20 minutes • Repos : 4 heures • Difficulté : ★ Budget : ★

Pour 4 personnes

- **3 escalopes de poulet**
- **1 cube de bouillon citron et fines herbes**
- **½ citron confit**
- **1 sachet de gelée**
- **2 cuil. à soupe d'herbes fraîches (ciboulette, persil, romarin)**
- **Sel et poivre**

Placez dans une grande casserole les escalopes, le cube de bouillon et le citron coupé en morceaux. Couvrez d'eau, salez, poivrez et laissez cuire à petits bouillons 20 minutes.

Égouttez le poulet et coupez-le en morceaux. Filtrez le bouillon, répartissez les morceaux de citron, de poulet et les herbes fraîches ciselées dans les cocottes.

Préparez 30 cl de gelée avec le bouillon de cuisson. Versez-la sur le poulet et laissez figer au réfrigérateur 4 heures.

Servez bien frais avec une salade de pommes de terre.

Poulet aux poivrons

Préparation : 20 minutes • Cuisson : 50 minutes • Difficulté : ★ Budget : ★

Pour 4 personnes

- **2 oignons**
- **2 cuil. à soupe d'huile d'olive**
- **2 poivrons rouges**
- **1 poivron vert**
- **1 gousse d'ail**
- **1 cuil. à café de cumin en poudre**
- **4 hauts de cuisse de poulet**
- **Sel et poivre**

Épluchez et émincez les oignons. Faites-les blondir dans une sauteuse avec l'huile d'olive.

Pendant ce temps, épépinez les poivrons et coupez-les en lamelles, ajoutez-les aux oignons ainsi que l'ail écrasé. Couvrez et laissez mijoter à couvert 10 minutes. Salez, poivrez et ajoutez le cumin.

Remplissez les cocottes de poivrons et posez dessus un morceau de poulet. Mettez au four préchauffé à 180 °C (th. 6) pour 35 minutes, jusqu'à ce que la peau dore légèrement.

Ragoût de carottes

Préparation : 20 minutes • Cuisson : 2 h 45 • Difficulté : ★ Budget : ★★

Pour 4 personnes

- 500 g de viande à bourguignon dégraissée
- 2 cuil. à soupe d'huile d'olive
- 2 oignons
- 2 cuil. à soupe de farine
- 1 cube de bouillon
- 1 cuil. à café d'herbes de Provence
- 1 feuille de laurier
- 1 kg de carottes
- Sel et poivre

Préchauffez le four à 180 °C (th. 6). Coupez la viande en gros dés et faites-la revenir dans une cocotte allant au four avec l'huile.

Retirez la viande et mettez les oignons émincés à cuire et dorer. Replacez la viande dans le faitout, ajoutez la farine et mélangez bien afin qu'elle enrobe tous les morceaux de viande. Couvrez le tout d'eau chaude, ajoutez le cube de bouillon, les herbes, salez, poivrez et mettez à cuire 1 h 30 à couvert au four. Mélangez de temps en temps.

Épluchez les carottes, coupez-les en rondelles et ajoutez-les à la viande. Poursuivez la cuisson 1 heure. Répartissez la viande et les carottes dans les mini cocottes et servez avec des pommes de terre vapeur.

Risotto aux asperges

Préparation : 30 minutes • Cuisson : 35 minutes • Difficulté : ★ Budget : ★★

Pour 4 personnes

- 2 échalotes
- 2 cuil. à soupe d'huile d'olive
- 200 g de riz à risotto
- 8 cl de vin blanc
- 60 cl de bouillon de légumes
- 3,5 cuil. à soupe de crème fraîche épaisse
- 40 g de parmesan
- 500 g d'asperges vertes (petites)
- 30 g de pistaches fraîches
- Sel et poivre

Pelez les échalotes, hachez-les finement. Faites chauffer 2 cuil. à soupe d'huile d'olive dans une sauteuse et faites-y revenir les échalotes sans les colorer pendant 5 minutes. Ajoutez le riz, mélangez bien et laissez cuire jusqu'à ce que le riz devienne translucide. Versez le vin, laissez cuire jusqu'à évaporation du liquide en mélangeant régulièrement. Versez 1 louche de bouillon, mélangez, laissez cuire sur feu doux jusqu'à ce que le liquide soit absorbé. Ajoutez une nouvelle louche de bouillon et continuez ainsi jusqu'à ce que le riz soit cuit. Ajoutez la crème, le parmesan, salez et poivrez. Réservez au chaud. Épluchez la tige des asperges. Mettez les asperges à cuire 1 minute dans 1 cuil. à soupe d'huile d'olive. Coupez les pointes puis coupez les tiges en tronçons. Mélangez le risotto avec les tronçons d'asperge, remplissez les mini cocottes, déposez les pointes sur le dessus et saupoudrez de pistaches grossièrement hachées. Servez aussitôt.

Risotto forestier

Préparation : 15 minutes • Cuisson : 35 minutes • Difficulté : ★ Budget : ★

Pour 4 personnes

- **150 g de cèpes**
- **2 échalotes**
- **2 cuil. à soupe d'huile d'olive**
- **200 g de riz à risotto**
- **8 cl de vin blanc**
- **60 cl de bouillon de volaille**
- **4 cuil. à soupe de crème fraîche épaisse**
- **40 g de parmesan râpé**
- **Sel et poivre**

Nettoyez les champignons et coupez-les en morceaux.

Pelez les échalotes, hachez-les finement. Faites chauffer l'huile d'olive dans une sauteuse et faites-y revenir les échalotes sans les colorer pendant 5 minutes. Ajoutez le riz, mélangez bien et laissez cuire jusqu'à ce que le riz devienne translucide.

Versez le vin, laissez cuire jusqu'à évaporation du liquide en mélangeant régulièrement. Versez 1 louche de bouillon, mélangez, laissez cuire sur feu doux jusqu'à ce que le liquide soit absorbé. Ajoutez une nouvelle louche de bouillon et continuez ainsi jusqu'à ce que le riz soit cuit, salez et poivrez.

Mélangez les champignons au risotto, ajoutez la crème et le parmesan. Remplissez les mini cocottes maintenues au chaud dans un four à 200 °C (th. 6-7) et servez.

Saint-Jacques au beurre persillé

Préparation : 20 minutes • Cuisson : 20 minutes • Difficulté : ★ Budget : ★★

Pour 4 personnes

- **300 g de julienne de légumes surgelés**
- **2 gousses d'ail**
- **40 g de beurre tempéré**
- **1 cuil. à soupe de persil haché**
- **16 noix de Saint-Jacques**
- **Sel et poivre**

Laissez la julienne décongeler et s'égoutter.

Préchauffez le four à 180 °C (th. 6).

Épluchez et mixez l'ail. Travaillez le beurre tempéré à la fourchette, ajoutez l'ail haché et le persil.

Faites chauffer une noix de beurre dans une poêle et mettez les noix de Saint-Jacques à dorer 1 minute de chaque côté. Retirez-les, faites revenir la julienne 3 minutes en mélangeant régulièrement. Salez et poivrez.

Placez la julienne de légumes dans les cocottes, déposez les noix de Saint-Jacques, salez, poivrez puis couvrez-les de beurre persillé. Placez-les au four 10 minutes puis servez bien chaud.

Saumon au sésame

Préparation : 20 minutes • Repos : 2 heures • Cuisson : 20 minutes • Difficulté : ★ Budget : ★

Pour 4 personnes

- **4 cuil. à soupe de sauce soja**
- **1 cuil. à soupe de miel**
- **1 cuil. à soupe d'huile de sésame**
- **Le jus de ½ citron**
- **400 g de saumon**
- **1 petite courgette**
- **200 g de brocolis**
- **3 cuil. à soupe de graines de sésame**
- **Poivre**

Mélangez la sauce soja, le miel, l'huile de sésame et le jus de citron. Placez les pavés de saumon dans un plat, nappez-les de marinade, couvrez le plat d'un film alimentaire et placez au frais 2 heures.

Lavez la courgette et coupez-la en rondelles. Détachez des petits bouquets de brocolis. Mettez les légumes à cuire dans un cuit-vapeur pendant 10 minutes.

Placez quelques légumes dans les cocottes. Saupoudrez les pavés de saumon de sésame puis déposez-les sur les légumes. Arrosez de marinade, poivrez et mettez au four 10 minutes à 200 °C (th. 6-7).

Servez accompagné du restant de légumes vapeur et de riz blanc.

Sauté de veau aux olives

Préparation : 20 minutes • Cuisson : 1 h 45 • Difficulté : ★ Budget : ★★

Pour 4 personnes

- **800 g de sauté de veau**
- **2 cuil. à soupe d'huile d'olive**
- **2 oignons**
- **2 gousses d'ail**
- **1 cube de bouillon**
- **3 branches de romarin**
- **1 cuil. à café de thym**
- **8 pommes de terre**
- **100 g d'olives vertes dénoyautées**
- **Sel et poivre**

Découpez la viande en gros morceaux. Mettez l'huile à chauffer dans une cocotte, faites dorer la viande sur toutes les faces.

Retirez la viande et mettez les oignons émincés à dorer. Replacez la viande dans la cocotte, l'ail haché, le cube de bouillon, le romarin, le thym, salez et poivrez.

Couvrez d'eau et laissez cuire 45 minutes dans un four à 150 °C (th. 5).

Ajoutez les pommes de terre coupées en quatre, les olives et poursuivez la cuisson 45 minutes.

Sauté de veau aux petits légumes

Préparation : 20 minutes • Cuisson : 1 h 35 • Difficulté : ★ Budget : ★★

Pour 4 personnes

- **1 oignon**
- **Huile d'olive**
- **800 g de viande de veau**
- **2 gousses d'ail**
- **6 carottes**
- **1 cuil. à café de paprika**
- **2 cuil. à café d'herbes de Provence**
- **200 g de pois gourmands**
- **1 brocoli**
- **Sel et poivre**

Épluchez l'oignon et émincez-le. Faites chauffer 1 cuil. à soupe d'huile dans une poêle et mettez la viande coupée en gros dés à dorer sur toutes les faces. Retirez ensuite la viande puis placez l'oignon et l'ail avec 1 cuil. à soupe d'huile, laissez-les suer et légèrement colorer. Replacez la viande, les carottes coupées en rondelles, saupoudrez de paprika et d'herbes de Provence. Salez, poivrez, ajoutez de l'eau à mi-hauteur et laissez cuire à couvert 45 minutes.

Préchauffez le four à 200 °C (th. 6-7). Ajoutez les pois gourmands avant la fin de la cuisson. Répartissez dans les mini cocottes et terminez la cuisson 15 minutes à découvert dans un four. Détachez les bouquets de brocolis, lavez-les puis plongez-les dans l'eau bouillante. Faites cuire 20 minutes puis égouttez-les et servez-les avec le sauté de veau.

Soufflés pommes de terre et beaufort

Préparation : 15 minutes • Cuisson : 1 heure • Difficulté : ★ Budget : ★

Pour 4 personnes

- **500 g de pommes de terre**
- **Beurre**
- **10 cl de crème liquide**
- **10 cl de lait**
- **3 œufs**
- **100 g de beaufort**
- **Sel et poivre**

Épluchez les pommes de terre et faites-les cuire dans une casserole d'eau salée 30 minutes. Contrôlez leur cuisson avec un couteau. Égouttez-les et réduisez-les en purée. Ajoutez 30 g de beurre, la crème et le lait.

Ajoutez les jaunes d'œufs, mélangez bien, salez et poivrez. Râpez le beaufort et ajoutez-le à la purée. Montez les blancs d'œufs en neige et incorporez-les à la purée.

Beurrez 4 mini cocottes et versez la purée. Faites cuire 30 minutes dans un four préchauffé à 180 °C (th. 6). Servez le soufflé avec une salade verte dès la sortie du four.

Soupe à l'oignon gratinée

Préparation : 15 minutes • Cuisson : 35 minutes • Difficulté : ★ Budget : ★

Pour 4 personnes

- **4 oignons**
- **20 g de margarine**
- **1 cuil. à soupe de farine**
- **2 cubes de bouillon**
- **¼ de baguette**
- **40 g d'emmental râpé**
- **Sel et poivre**

Épluchez et émincez les oignons. Faites fondre la margarine dans une cocotte et mettez les oignons à cuire, ils doivent légèrement colorer.

Ajoutez la farine, mélangez bien puis couvrez avec 1 l d'eau et ajoutez les cubes de bouillon. Laissez cuire à petits bouillons pendant 15 minutes. Rectifiez l'assaisonnement, salez et poivrez.

Coupez la baguette en tronçons épais et placez-les dans les mini cocottes. Versez la soupe sur le pain puis saupoudrez d'emmental râpé.

Mettez au four sous le gril le temps de faire gratiner la soupe, 5 à 10 minutes. Servez aussitôt.

Soupe au pistou

Préparation : 30 minutes • Repos : 3 heures • Cuisson : 1 heure • Difficulté : ★ Budget : ★

Pour 4 personnes

- 80 g de haricots blancs
- 80 g de haricots rouges
- 1 courgette
- 2 carottes
- 2 pommes de terre
- 100 g de haricots verts
- 1 oignon
- 30 g de vermicelles
- 80 g de fromage râpé
- Sel et poivre

Pour le pistou

- 2 tomates
- 3 gousses d'ail
- 20 feuilles de basilic
- 1 cuil. à soupe de coulis de tomates
- 15 cl d'huile d'olive

Faites tremper les haricots blancs et rouges 3 heures avant dans de l'eau froide.

Coupez tous les légumes en petits carrés, les haricots verts en tronçons. Mettez le tout dans une casserole avec les haricots, salez, poivrez et couvrez d'eau. Laissez cuire 50 minutes.

Plongez les tomates 30 secondes dans de l'eau bouillante, puis épluchez-les et épépinez-les. Mixez-les avec l'ail, le basilic, le coulis de tomates et l'huile d'olive. Ajoutez le pistou aux légumes ainsi que le vermicelle, portez à ébullition et arrêtez le feu. Laissez reposer.

Servez et saupoudrez de fromage.

Conseil : vous pouvez remplacer le fromage râpé par du parmesan.

Soupe crémeuse de saumon

Préparation : 15 minutes • Cuisson : 25 minutes • Difficulté : ★ Budget : ★★

Pour 4 personnes

- **300 g de pommes de terre**
- **2 blancs de poireau**
- **1 oignon**
- **1 cube de bouillon**
- **300 g de pavés de saumon**
- **2 branches d'aneth**
- **15 cl de crème liquide entière**
- **Sel et poivre**

Épluchez, lavez les pommes de terre et coupez-les en dés.

Coupez les blancs de poireau en rondelles. Placez les pommes de terre dans une casserole avec l'oignon émincé, ajoutez le cube de bouillon et couvrez d'eau.

Mettez à cuire 10 minutes puis ajoutez les poireaux et poursuivez la cuisson. Cinq minutes avant la fin de cuisson, ajoutez le saumon coupé en dés, l'aneth ciselé, la crème, salez et poivrez. Laissez finir la cuisson sur un feu très doux.

Au moment de servir, remplissez les cocottes et saupoudrez de quelques pluches d'aneth.

Suprêmes de dinde aux morilles

Préparation : 30 minutes • Cuisson : 50 minutes • Difficulté : ★ Budget : ★

Pour 4 personnes

- **500 g de suprêmes de dinde**
- **Beurre**
- **30 cl de bouillon de volaille**
- **150 g de morilles surgelées**
- **2 échalotes**
- **1 cuil. à soupe de persil haché**
- **10 cl de vin blanc**
- **40 cl de crème fleurette**
- **Sel et poivre**

Dans une cocotte, faites dorer les suprêmes de dinde avec un peu de beurre, puis versez le bouillon de volaille et laissez cuire 30 minutes.

Faites revenir les morilles dans une sauteuse avec un peu de beurre également, les échalotes finement hachées et le persil. Ajoutez le vin blanc, salez et laissez réduire de moitié. Coupez les suprêmes en morceaux, replacez-les dans la cocotte. Ajoutez le contenu de la sauteuse avec les morilles, la crème, poivrez et salez si besoin. Poursuivez la cuisson 10 minutes puis servez dans de petites cocottes.

Soupe de poulet

Préparation : 20 minutes • Cuisson : 45 minutes • Difficulté : ★ Budget : ★★

Pour 4 personnes

- 1 poivron rouge ; 1 oignon
- 2 escalopes de poulet (fines)
- 2 cuil. à soupe d'huile d'olive
- 1 gousse d'ail
- Le jus de 1 citron vert
- 2 cuil. à soupe de sauce soja
- 1 cuil. à soupe de coriandre hachée
- 20 cl de lait de coco
- 20 g de pois gourmands
- Feuille de coriandre
- Sel et poivre

Épépinez le poivron et coupez-le en lanières. Émincez l'oignon et coupez le poulet en lanières. Faites chauffer l'huile dans une sauteuse et mettez la viande à dorer. Retirez-la et mettez l'oignon à suer pendant 5 minutes sans le faire colorer, ajoutez les lanières de poivron et continuez la cuisson 10 minutes.

Replacez la viande dans la sauteuse avec l'ail haché, le jus de citron, la sauce soja et la coriandre. Salez légèrement, poivrez et versez le lait de coco puis ajoutez 40 cl d'eau. Laissez cuire après ébullition pendant 10 minutes. Ajoutez les pois gourmands, poursuivez la cuisson 5 minutes. Ajustez l'assaisonnement puis répartissez la soupe dans les cocottes, décorez de feuilles de coriandre et servez.

Tartiflette

Préparation : 20 minutes • Cuisson : 45 minutes • Difficulté : ★ Budget : ★★

Pour 4 personnes

- 800 g de pommes de terre
- 2 oignons
- 30 g de margarine
- 100 g de lardons
- 240 g de reblochon
- Poivre

Épluchez les pommes de terre et mettez-les à cuire 20 minutes dans une grande casserole d'eau salée. Vérifiez la cuisson avec la pointe d'un couteau puis égouttez-les. Épluchez et émincez les oignons. Faites fondre la margarine dans une poêle et mettez les oignons à suer et dorer légèrement. Ajoutez les lardons et laissez cuire 5 minutes.

Coupez les pommes de terre en rondelles, répartissez-les dans les cocottes puis faites de même avec les oignons et les lardons. Poivrez. Coupez le reblochon en tranches de 0,5 cm d'épaisseur et déposez-les sur les pommes de terre. Mettez au four pour 15 minutes, jusqu'à ce que le fromage soit totalement fondu et légèrement doré. Servez aussitôt accompagné d'une salade verte.

Terrine de foies de volaille aux noisettes

Préparation : 20 minutes • Repos : 15 heures • Cuisson : 50 minutes • Difficulté : ★ Budget : ★★

Pour 4 personnes

- 50 g de noisettes
- 300 g de foies de volaille
- 300 g de viande de porc hachée
- 2 cuil. à soupe de persil haché
- 1 feuille de laurier
- 1 cuil. à soupe d'huile de noisette
- 2 gousses d'ail
- 1 échalote
- 1 œuf
- 10 cl de crème liquide
- Sel et poivre

Torréfiez les noisettes dans un four à 220 °C (th. 7-8) pendant 5 minutes, réservez. Mixez les foies de volaille. Mélangez-les à la viande de porc hachée, ajoutez le persil, la feuille de laurier, l'huile de noisette, l'ail et l'échalote hachés. Couvrez d'un film alimentaire et laissez reposer 3 heures au frais.

Retirez la feuille de laurier et incorporez l'œuf et la crème, salez et poivrez. Ajoutez les noisettes et remplissez les cocottes. Mettez-les à cuire 45 minutes à 180 °C (th. 6) dans un bain-marie. À la sortie du four, laissez refroidir à température ambiante puis placez au frais 12 heures. Servez accompagné de salade et de pain de campagne.

Thon à la provençale

Préparation : 20 minutes • Cuisson : 15 minutes • Difficulté : ★ Budget : ★

Pour 4 personnes

- 3 tomates
- 2 oignons
- 1 gousse d'ail
- 2 olives noires
- 12 olives vertes
- 4 tranches de thon frais
- 2 cuil. à soupe d'huile d'olive
- 1 cuil. à soupe de basilic
- Sel et poivre

Plongez les tomates dans une grande casserole d'eau bouillante 1 minute puis retirez leur peau.

Épépinez-les et coupez la chair des tomates en morceaux.

Émincez finement les oignons, hachez l'ail. Placez dans les cocottes la chair des tomates, les oignons, l'ail, les olives et le thon. Arrosez d'un filet d'huile, saupoudrez de basilic, salez légèrement et poivrez.

Fermez les cocottes et placez au four 15 minutes à 200 °C (th. 6-7). Servez accompagné de riz blanc.

Velouté de topinambour et foie gras

Préparation : 30 minutes • Cuisson : 30 minutes • Difficulté : ★ Budget : ★★★

Pour 4 personnes

- **500 g de topinambour**
- **1 cube de bouillon**
- **15 cl de crème liquide entière**
- **30 g de noisettes**
- **4 escalopes de foie gras**
- **12 tranches de filets de canard fumé**
- **2 cuil. à soupe d'huile de noisette**
- **Sel et poivre**

Épluchez les topinambours, coupez-les en morceaux et placez-les dans une casserole avec 50 cl d'eau et le cube de bouillon. Portez à ébullition et laissez cuire pendant 20 minutes.

Mixez et ajoutez la crème. Salez et poivrez.

Concassez grossièrement les noisettes et mettez-les à griller sous le gril du four 2 minutes, puis réservez.

Poêlez les tranches de foie gras dans une poêle bien chaude, salez et poivrez.

Remplissez les cocottes de velouté, placez les filets de canard fumé et le foie gras coupé en morceaux. Répartissez les noisettes, arrosez d'un filet d'huile de noisette et servez aussitôt.

Conseil : vous pouvez remplacer le foie gras cru par un bloc de foie gras cuit coupé en dés.

Tians

Préparation : 20 minutes • Cuisson : 30 minutes • Difficulté : ★ Budget : ★

Pour 4 personnes

- **2 tomates**
- **1 petite courgette**
- **1 petite aubergine**
- **1 poivron rouge**
- **1 oignon**
- **2 cuil. à soupe d'huile d'olive**
- **2 gousses d'ail**
- **Sel et poivre**

Lavez les tomates, la courgette, l'aubergine et le poivron. Coupez-les en fines tranches à l'aide d'une mandoline. Pour les tranches au diamètre important, coupez-les en deux ou en quatre.

Épluchez l'oignon, coupez-le en deux puis en fines tranches.

Rangez les tranches de légumes en les alternant dans les mini cocottes. Serrez-les bien puis arrosez-les d'huile d'olive. Saupoudrez d'ail finement haché, salez et poivrez.

Fermez les cocottes et placez-les au four pour 15 minutes à 180 °C (th. 6). Poursuivez ensuite la cuisson 15 minutes à découvert.

Tomates farcies en cocotte

Préparation : 25 minutes • Cuisson : 35 minutes • Difficulté : ★ Budget : ★

Pour 6 cocottes

- **6 tomates rondes**
- **2 gousses d'ail**
- **1 oignon**
- **3 branches de persil**
- **150 g de viande de bœuf hachée**
- **150 g de chair à saucisse**
- **2 cuil. à soupe de chapelure**
- **1 œuf**
- **Beurre**
- **6 cuil. à soupe de riz (cuit)**
- **Sel et poivre**

Préchauffez le four à 180 °C (th. 6). Versez dans chaque cocotte 1 cuil. à soupe de riz avec 2 cuil. à soupe d'eau. Coupez un chapeau sur chaque tomate et réservez-les. Évidez les tomates. Salez l'intérieur et retournez-les pour évacuer le jus.

Pelez les gousses d'ail et l'oignon. Hachez-les avec le persil. Dans un saladier, mélangez le bœuf haché, la chair à saucisse, l'ail et l'oignon hachés, la chapelure et l'œuf. Salez et poivrez.

Tassez la farce dans les tomates, déposez au-dessus une noix de beurre et refermez avec les chapeaux. Placez les tomates facies sur le riz, dans chaque cocotte. Enfournez pour 35 minutes.

Veau à la normande

Préparation : 20 minutes • Cuisson : 1 heure • Difficulté : ★ Budget : ★★

Pour 4 personnes

- **1 cuil. à soupe d'huile d'olive**
- **800 g de sauté de veau**
- **1 oignon**
- **30 cl de cidre brut**
- **3 pommes**
- **30 g de beurre**
- **15 cl de crème liquide**
- **Sel et poivre**

Faites chauffer l'huile dans un faitout et mettez le veau coupé en dés à dorer. Retirez la viande et mettez l'oignon émincé finement à suer et légèrement dorer. Replacez la viande dans le faitout, arrosez de cidre, salez et poivrez. Couvrez et laissez cuire 30 minutes.

Pendant ce temps, épluchez et coupez les pommes en quartiers. Faites fondre le beurre dans une grande poêle et mettez les quartiers de pommes à dorer sur chaque face.

Ajoutez la crème à la viande, mélangez bien et placez les quartiers de pomme. Laissez cuire encore 10 minutes à découvert sur feu doux le temps que la sauce épaississe. Répartissez le veau et les morceaux de pomme dans les cocottes et servez.

Velouté d'asperges

Préparation : 20 minutes • Cuisson : 20 minutes • Difficulté : ★ Budget : ★

Pour 4 personnes

- **500 g d'asperges blanches**
- **2 échalotes**
- **2 cuil. à soupe d'huile d'olive**
- **40 cl de bouillon de légumes**
- **20 cl de crème liquide**
- **24 noix de pétoncle**
- **8 brins de ciboulette**
- **Sel et poivre**

Épluchez les asperges en partant de la pointe. Coupez-les en morceaux, éliminez la base plus dure et réservez les pointes.

Faites revenir les échalotes dans 1 cuil. à soupe d'huile d'olive sans les faire colorer. Ajoutez les morceaux d'asperge, le bouillon, portez à ébullition et laissez cuire 10 minutes.

Mixez le tout puis incorporez la crème. Ajoutez les pointes d'asperge et laissez-les cuire 5 minutes. Salez et poivrez.

Faites saisir les noix de pétoncle dans 1 cuil. à soupe d'huile d'olive, 1 minute sur chaque face. Remplissez les cocottes de velouté d'asperges, répartissez les noix de pétoncle et saupoudrez de ciboulette ciselée. Servez.

Amandine aux cerises

Préparation : 20 minutes • Cuisson : 25 minutes • Difficulté : ★ Budget : ★

Pour 4 personnes

- **6 palets bretons**
- **1 œuf**
- **40 g de sucre**
- **1 sachet de sucre vanillé**
- **50 g de poudre d'amandes**
- **30 g de beurre**
- **2 cuil. à soupe de crème fraîche épaisse**
- **250 g de cerises**

Réduisez les palets bretons en poudre et répartissez-les dans le fond des cocottes, tassez bien avec le fond d'un verre.

Préchauffez le four à 180 °C (th. 6).

Fouettez l'œuf et les sucres, ajoutez la poudre d'amandes, le beurre fondu et la crème. Versez le mélange dans les cocottes puis placez les cerises, de préférence non dénoyautées.

Placez les cocottes au four pour 25 minutes. Laissez refroidir et placez au frais avant de servir.

Conseil : vous pouvez accompagner ces petites cocottes de glace vanille, chantilly ou sauce chocolat.

Ananas rôti

Préparation : 20 minutes • Cuisson : 1 heure • Difficulté : ★ Budget : ★

Pour 4 personnes

- **1 ananas**
- **40 g de beurre salé**
- **100 g de sucre**
- **1 gousse de vanille**
- **1 cuil. à café de cannelle en poudre**

Épluchez l'ananas, en prenant soin de retirer les yeux. Coupez l'ananas en quatre dans le sens de la hauteur, retirez le cœur dur puis coupez l'ananas en gros bâtonnets.

Mettez le beurre à fondre dans une grande poêle et mettez l'ananas à dorer. Saupoudrez de sucre, ajoutez les graines de la gousse de vanille et laissez caraméliser.

Lorsque l'ananas est caramélisé sur toutes les faces, saupoudrez de cannelle et mélangez bien. Répartissez l'ananas dans les cocottes, fermez-les et laissez cuire doucement dans un four préchauffé à 150 °C (th. 5) pendant 45 minutes.

Servez chaud accompagné de chantilly ou de sorbet banane.

Brownies

Préparation : 15 minutes • Cuisson : 20 minutes • Difficulté : ★ Budget : ★

Pour 6 personnes

- **200 g de chocolat noir**
- **150 g de beurre**
- **120 g de sucre**
- **3 œufs**
- **70 g de farine**
- **50 g de noix de pécan**
- **Glace à la vanille**

Faites fondre le chocolat noir au bain-marie avec le beurre (ou au micro-ondes).

Lorsque le mélange est homogène, ajoutez le sucre, les œufs battus en omelette puis la farine et les noix de pécan juste cassées entre les doigts.

Versez la pâte dans les cocottes et mettez au four pour 15 minutes à 180 °C (th. 6).

À la sortie du four, laissez refroidir puis servez accompagné d'une boule de glace à la vanille.

Clafoutis de cerises aux amandes

Préparation : 15 minutes • Cuisson : 40 minutes • Difficulté : ★ Budget : ★

Pour 6 personnes

- **4 cuil. à soupe de Maïzena**
- **50 g de poudre d'amandes**
- **75 g de sucre en poudre**
- **1 sachet de sucre vanillé**
- **Extrait d'amande amère**
- **3 œufs**
- **20 cl de lait**
- **20 cl de crème liquide**
- **20 cerises (dénoyautées)**
- **Amandes effilées**
- **Sel**

Préchauffez le four à 180 °C (th. 6).

Dans une terrine, mélangez au fouet la Maïzena, la poudre d'amandes, les sucres et quelques gouttes d'extrait d'amande amère jusqu'à ce que la texture soit bien homogène. Ajoutez une pincée de sel et les œufs.

Versez progressivement, tout en mélangeant, le lait et la crème. Vous devez obtenir une pâte assez liquide et sans grumeaux.

Disposez les cerises au fond de chaque cocotte préalablement beurrée. Versez par-dessus la préparation en éparpillant quelques amandes effilées à la surface.

Mettez au four pour 40 minutes à 180 °C (th. 6). Dégustez tiède ou frais.

Conseil : attention de ne pas trop remplir vos cocottes ! Lors de la cuisson, les clafoutis gonflent et peuvent déborder… Autres variations possibles : avec des poires ou des framboises.

Crèmes brûlées au thé

Préparation : 15 minutes • Repos : 2 h 15 • Cuisson : 1 heure • Difficulté : ★ Budget : ★

Pour 6 personnes

- **45 cl de crème fleurette**
- **15 cl de lait**
- **1 cuil. à soupe de thé earl grey**
- **5 jaunes d'œufs**
- **120 g de sucre**
- **6 cuil. à soupe de sucre roux**

Mettez la crème à chauffer avec le lait et le thé. Arrêtez le feu avant l'ébullition et laissez infuser 5 minutes puis filtrez.

Fouettez les jaunes d'œufs et le sucre jusqu'à ce que le mélange blanchisse. Versez la crème chaude sur les jaunes sans fouetter pour ne pas faire mousser.

Versez le tout dans 6 cocottes, laissez reposer 15 minutes puis mettez-les à cuire 1 heure dans un four préchauffé à 100 °C (th. 3-4). À la sortie du four, laissez refroidir puis placez-les au frais 2 heures minimum.

Au moment de servir, saupoudrez les crèmes de sucre roux et caramélisez-les au chalumeau. Servez aussitôt.

Cocottes briochées du matin

Préparation : 20 minutes • Repos : 2 heures • Cuisson : 25 minutes • Difficulté : ★ Budget : ★

Pour 4 personnes

- **¾ sachet de levure boulangère déshydratée**
- **10 cl de lait (tiédi)**
- **250 g de farine**
- **1 jaune d'œuf + 1 œuf**
- **35 g de sucre**
- **75 g de beurre mou**
- **Le zeste de 1 orange non traitée**
- **55 bâtonnets d'oranges confites**
- **20 bâtonnets de citrons confits**
- **35 g de raisins secs**

Délayez la levure avec le lait tiédi. Tamisez la farine. Faites un puits. Versez-y le mélange levure-lait et ajoutez l'œuf entier. Pétrissez avec les mains pour former une boule de pâte que vous ferez reposer 30 minutes dans un endroit chaud. Ajoutez ensuite le jaune d'œuf, le sucre et le zeste d'orange. Pétrissez en incorporant le beurre en pommade. Travaillez la pâte jusqu'à ce qu'elle soit souple et élastique. Formez une boule, mettez-la dans un récipient recouvert de film alimentaire. Laissez doubler de volume. Incorporez à la pâte les raisins secs, l'orange et le citron confits coupés en petits dés. Pétrissez quelques minutes. Séparez la pâte en 4 petites boules que vous déposerez au fond de chaque cocotte. Laissez doubler de volume une nouvelle fois dans un endroit chaud. Dorez la surface des brioches avec le jaune d'œuf et faites cuire dans le four préchauffé à 180 °C (th. 6) durant 25 minutes.

Crèmes brûlées à la réglisse

Préparation : 15 minutes • Repos : 2 h 15 • Cuisson : 1 h 10 • Difficulté : ★★ Budget : ★

Pour 6 personnes

- **6 rouleaux de réglisse**
- **60 cl de crème fleurette**
- **5 jaunes d'œufs**
- **120 g de sucre**
- **6 cuil. à soupe de sucre roux**

Déroulez les rouleaux de réglisse et coupez-les en petits morceaux. Mettez le tout dans la crème, faites chauffer doucement en mélangeant régulièrement jusqu'à ce que la réglisse soit totalement fondue.

Fouettez les jaunes d'œufs et le sucre jusqu'à ce que le mélange blanchisse. Versez la crème chaude sur les jaunes sans fouetter.

Versez le tout dans 6 cocottes, laissez reposer 15 minutes puis mettez-les à cuire 1 heure au four préchauffé à 100 °C (th. 3-4). À la sortie du four, laissez refroidir puis placez-les au frais 2 heures minimum.

Au moment de servir, saupoudrez les crèmes de sucre roux et caramélisez-les au chalumeau. Servez aussitôt.

Crumbles de patates douces

Préparation : 20 minutes • Repos : 30 minutes • Cuisson : 45 minutes • Difficulté : ★ Budget : ★

Pour 4 personnes

- **40 g de poudre d'amandes**
- **20 g de flocons d'avoine**
- **30 g de farine ; 30 g de sucre**
- **2 sachets de sucre vanillé**
- **50 g de beurre tempéré**
- **400 g de patates douces**
- **1 pomme**
- **40 g de poudre de noisettes**
- **40 g de raisins secs**
- **40 g de sucre**
- **Le zeste de 1 orange non traitée**

Mélangez la poudre d'amandes, la farine, les flocons d'avoine, le sucre et 1 sachet de sucre vanillé. Ajoutez le beurre tempéré et travaillez à la fourchette afin d'obtenir un sable grossier. Formez quelques amas en pressant le mélange du bout des doigts. Placez au frais 30 minutes.

Épluchez les patates douces, coupez-les en morceaux et mettez-les à cuire 15 minutes dans une casserole d'eau. Égouttez et mélangez à la pomme coupée en morceaux. Ajoutez la poudre de noisettes, les raisins secs, le sucre, 1 sachet de sucre vanillé et le zeste d'orange.

Répartissez les fruits dans les cocottes, recouvrez de pâte à crumble et mettez au four 30 minutes à 180 °C (th. 6). À la sortie du four, laissez refroidir totalement.

Cocottes de cheesecakes au citron

Préparation : 25 minutes • Cuisson : 45 minutes • Difficulté : ★ Budget : ★

Pour 6 personnes

- **4 œufs**
- **2 citrons non traités**
- **300 g de fromage blanc à 20 % de matière grasse**
- **4 petits-suisses**
- **200 g de sucre**
- **2 cuil. à soupe de Maïzena**
- **1 sachet de sucre vanillé**
- **Beurre**

Préchauffez le four à 180 °C (th. 6) et beurrez les cocottes. Cassez les œufs en séparant les blancs des jaunes. Râpez le zeste de 1 citron. Mixez le fromage blanc, les petits-suisses, les jaunes d'œufs, le zeste et le jus de citron, le sucre et la Maïzena, jusqu'à l'obtention d'une crème lisse. Battez les blancs d'œufs en neige ferme et ajoutez le sucre vanillé. Incorporez-les à la préparation précédente. Répartissez la pâte dans chaque cocotte et glissez au four pour 45 minutes. Coupez le second citron en tranches fines. Déposez-les dans un plat adapté au micro-ondes. Recouvrez d'un verre d'eau additionné d'un verre de sucre en poudre. Couvrez le plat et faites cuire 10 minutes à puissance maximale, en remuant toutes les 2 minutes. Déposez ces tranches de citron confit à la surface des cheesecakes et servez bien frais.

Cocottes de crumble de poires à la châtaigne

Préparation : 20 minutes • Cuisson : 22 minutes • Difficulté : ★ Budget : ★

Pour 6 personnes

- **3 poires**
- **1 sachet de sucre vanillé**
- **6 cuil. à soupe de crème de marrons**
- **50 g de beurre**
- **30 g de farine**
- **30 g de farine de châtaigne**
- **50 g de sucre**

Préchauffez le four à 180 °C (th. 6).

Pelez et coupez les poires en petits dés. Répartissez-les au fond de chaque cocotte et saupoudrez-les de sucre vanillé. Ajoutez sur les fruits 1 cuil. à soupe de crème de marrons.

Pour la pâte à crumble, coupez le beurre en morceaux. Faites-le légèrement ramollir au micro-ondes. Dans un saladier, mélangez les deux farines et le sucre. Ajoutez le beurre ramolli. Malaxez la préparation du bout des doigts, jusqu'à ce que la consistance soit sableuse.

Répartissez le crumble sur chaque cocotte.

Mettez au four préchauffé à 180 °C (th. 6), pour une vingtaine de minutes.

Conseil : vous pouvez remplacer les poires par des pommes, pêches, myrtilles et autres fruits de saison qui feront de délicieuses versions de crumbles.

Cocottes de fruits d'hiver au pain d'épices

Préparation : 10 minutes • Cuisson : 30 minutes • Difficulté : ★ Budget : ★

Pour 6 cocottes

- 2 pommes golden
- 2 kiwis
- 3 poires
- 2 bananes
- 5 pruneaux (dénoyautés)
- Raisins secs
- 2 oranges
- 4 cuil. à soupe de miel
- 2 cuil. à soupe d'eau de fleur d'oranger
- 6 tranches de pain d'épices
- 3 cuil. à soupe d'amandes effilées

Préchauffez le four à 180 °C (th. 6).

Pelez les pommes, les kiwis et les poires. Détaillez-les avec les bananes en quartiers et mettez-les dans un saladier. Ajoutez les pruneaux coupés en deux ainsi que les raisins secs.

Pressez le jus des oranges et mélangez-le avec le miel et la fleur d'oranger. Versez la moitié du liquide sur les fruits en mélangeant délicatement. Réservez le reste.

Coupez les tranches de pain d'épices en petits dés et répartissez les trois quarts au fond de chaque cocotte. Versez les fruits ainsi que leur jus et ajoutez par-dessus le reste de dés de pain d'épices. Arrosez le tout avec le mélange de jus d'orange, de miel et de fleur d'oranger réservé.

Couvrez les cocottes et mettez au four pour 30 minutes. Avant de servir, parsemez les fruits d'amandes effilées. Servez tiède ou froid.

Conseils : ces cocottes peuvent aussi se décliner en version estivale. Pêches, abricots, prunes et autres fruits de saison feront une très belle association ensoleillée.

Ce dessert, servi tiède, s'accompagne volontiers d'une boule de glace à la vanille.

Pommes aux cœurs coulants au Carambar

Préparation : 20 minutes • Cuisson : 30 minutes • Difficulté : ★ Budget : ★

Pour 4 personnes

- 4 œufs
- 4 pommes
- 4 cuil. à soupe de sucre
- 1 sachet de sucre vanillé
- 2 cuil. à soupe de farine
- 2 cuil. à soupe de poudre d'amandes
- 20 cl de lait
- 1 cuil. à café de levure chimique
- Beurre
- 8 Carambar
- Sel

Préchauffez le four à 180 °C (th. 6).

Cassez les œufs en séparant les blancs des jaunes. Battez les jaunes avec les sucres pour obtenir un mélange mousseux. Ajoutez la farine, la poudre d'amandes, une pincée de sel, le lait et la levure. Battez les blancs en neige ferme et incorporez-les délicatement à la pâte.

Beurrez les cocottes et versez la pâte dedans. Pelez les pommes et creusez-les pour les évider sans aller jusqu'au fond du fruit. Disposez-les dans chaque cocotte en les enfonçant dans la pâte.

Répartissez une noix de beurre dans chacune d'elles et déposez dessus l'équivalent de 2 Carambar coupés en morceaux.

Enfournez et laissez cuire 30 minutes. Servez aussitôt.

Conseil : vous pouvez également remplir la cavité de chaque pomme de confiture de framboises, de myrtille ou de groseille.

Cocottes de flans vanillés aux œufs

Préparation : 10 minutes • Cuisson : 50 minutes • Difficulté : ★ Budget : ★

Pour 6 personnes

- **3 œufs**
- **1 gousse de vanille**
- **60 cl de lait**
- **100 g de sucre**

Préchauffez le four à 150 °C (th. 5).

Battez les œufs dans un saladier. Fendez la gousse de vanille et faites-la bouillir avec le lait. Laissez infuser.

Fouettez le sucre avec les œufs. Versez progressivement le lait vanillé sur les œufs battus en fouettant énergiquement.

Versez la préparation dans 6 mini cocottes et faites cuire au bain-marie durant environ 45 minutes. Sortez les flans et faites-les refroidir avant de les entreposer au réfrigérateur.

Cocottes glacées aux framboises

Préparation : 20 minutes • Repos : 1 nuit • Difficulté : ★ Budget : ★

Pour 4 personnes

- **10 cl de crème liquide entière**
- **250 g de framboises**
- **1 blanc d'œuf**
- **125 g de sucre**
- **Menthe**
- **Sel**

Placez dans le congélateur la crème liquide, le saladier et les fouets du batteur, pour 15 minutes. Découpez des bandes de papier sulfurisé pour rehausser les bords des cocottes de 3 à 4 cm. Huilez-les au pinceau et tapissez le haut des parois intérieures des cocottes. Sortez la crème liquide du congélateur et montez-la en chantilly au batteur électrique. Mettez de côté 12 framboises et mixez les autres. Réservez au réfrigérateur.

Montez le blanc d'œuf en neige ferme avec une pincée de sel et versez petit à petit le sucre pour obtenir un mélange lisse et brillant. Incorporez délicatement le coulis de framboises et la chantilly. Versez la mousse de framboises dans les cocottes et entreposez au congélateur jusqu'au lendemain. Retirez délicatement les papiers. Avant de servir, décorez de framboises et de feuilles de menthe.

Far breton aux abricots secs

Préparation : 15 minutes • Cuisson : 40 minutes • Difficulté : ★ Budget : ★

Pour 4 personnes

- **180 g de farine**
- **140 g de sucre**
- **1 sachet de sucre vanillé**
- **4 œufs**
- **50 cl de lait**
- **50 g de beurre**
- **20 abricots secs**
- **Sel**

Préchauffez le four à 180 °C (th. 6).

Mélangez la farine, une pincée de sel, le sucre, le sucre vanillé et les œufs.

Ajoutez le lait petit à petit puis le beurre fondu.

Beurrez 4 cocottes et versez-y la pâte, répartissez les abricots secs et enfournez pour 40 minutes. À la sortie du four, laissez refroidir puis placez au frais.

Financiers pistache et mirabelles

Préparation : 20 minutes • Cuisson : 25 minutes • Difficulté : ★ Budget : ★

Pour 4 personnes

- **500 g de mirabelles**
- **80 g de poudre d'amandes**
- **50 g de sucre glace**
- **20 g de farine**
- **2 blancs d'œufs**
- **1 cuil. à soupe de pâte de pistaches (ou 50 g de pistaches fraîches)**
- **60 g de beurre**
- **1 cuil. à soupe de sirop d'agave**
- **1 cuil. à soupe de pistaches fraîches**

Lavez les mirabelles et ouvrez-les en deux afin de retirer le noyau.

Tamisez la poudre d'amandes, le sucre glace, la farine. Ajoutez les blancs d'œufs et la pâte de pistaches (ou les pistaches fraîches hachées très finement).

Faites fondre le beurre et ajoutez-le au mélange.

Remplissez le mélange dans 4 cocottes à l'aide d'une cuillère à soupe et rangez les oreillons de mirabelle. Mettez au four préchauffé à 180 °C (th. 6) pour 20 minutes. Laissez refroidir puis nappez de sirop d'agave et saupoudrez de pistaches fraîches hachées.

Cocottes façon tarte au citron

Préparation : 40 minutes • Repos : 2 h 30 • Cuisson : 40 minutes • Difficulté : ★★ Budget : ★

Pour 4 personnes

Pour la pâte sablée
- 80 g de farine
- 50 g de sucre
- 20 g de poudre d'amandes
- 50 g de beurre tempéré
- Sel

Pour la crème au citron
- 2 citrons non traités
- 100 g de sucre
- 1 œuf
- 15 g de Maïzena
- 60 g de beurre

Pour la meringue
- 2 blancs d'œufs
- 50 g de sucre

Pour la pâte sablée, mélangez la farine, le sucre, la poudre d'amandes et une pincée de sel. Faites un puis et placez au centre le beurre tempéré coupé en dés. Pétrissez jusqu'à ce que la pâte forme une boule homogène. Tassez la pâte au fond de 4 cocottes et placez au frais 30 minutes.

Piquez la pâte avec une fourchette et mettez au four 20 minutes à 180 °C (th. 6). Si la pâte gonfle trop pendant la cuisson, piquez-la de nouveau.

Pendant ce temps, versez dans une casserole le jus des 2 citrons ainsi que leurs zestes, le sucre, l'œuf et la Maïzena. Faites épaissir au bain-marie en mélangeant constamment. Hors du feu, ajoutez le beurre.

Versez cette crème dans les cocottes et replacez au four 20 minutes à 150 °C (th. 5). À la sortie du four, laissez refroidir puis placez au frais 2 heures.

Au moment de servir, préparez la meringue : battez les blancs d'œufs en neige, lorsqu'ils commencent à mousser, ajoutez le sucre et continuez de battre jusqu'à l'obtention d'une meringue compacte et brillante.

À l'aide d'une poche à douille, placez la meringue sur la tarte et caramélisez-la à l'aide d'un chalumeau.

Flans de noix de coco

Préparation : 15 minutes • Cuisson : 45 minutes • Repos : 2 heures • Difficulté : ★ Budget : ★★

Pour 6 personnes

- **20 cl de lait de coco**
- **20 cl de lait**
- **20 cl de lait concentré sucré**
- **2 œufs**
- **70 g de noix de coco râpée**

Préchauffez le four à 160 °C (th. 5-6).

Fouettez le lait de coco, le lait, le lait concentré et les œufs.

Ajoutez la noix de coco râpée puis versez la crème à la noix de coco dans 6 cocottes en mélangeant bien à chaque fois entre deux, car au repos, la noix de coco va surnager.

Mettez au four pour 45 minutes dans un bain-marie. Si le dessus dore un peu trop, couvrez d'une feuille de papier aluminium. Laissez refroidir, puis placez au frais 2 heures minimum.

Forêt-noire express

Préparation : 30 minutes • Repos : 2 heures • Difficulté : ★ Budget : ★★

Pour 4 personnes

- **30 cl de crème liquide entière**
- **2 cuil. à soupe de sucre glace**
- **1 sachet de sucre vanillé**
- **200 g de cerises**
- **8 tranches de quatre-quarts (au chocolat)**
- **10 cl de crème anglaise**
- **100 g de griottes (au kirsch)**
- **4 cuil. à soupe de copeaux de chocolat**

Fouettez la crème en chantilly avec le sucre glace et le sucre vanillé, réservez au frais.

Réservez 4 belles cerises puis dénoyautez les autres et ouvrez-les en deux. Placez les cerises sur les bords des cocottes transparentes. Placez 1 tranche de quatre-quarts au fond, versez 2 cuil. à soupe de crème anglaise, puis déposez les griottes. Couvrez d'un peu de chantilly, puis déposez à nouveau une tranche de gâteau, des griottes et finissez par la chantilly. Placez au frais 2 heures.

Au moment de servir, décorez de copeaux de chocolat et placez 1 cerise au-dessus.

Conseil : pour réaliser de beaux copeaux de chocolat, passez 1 plaque de chocolat 5 secondes au micro-ondes puis, à l'aide d'un couteau économe, taillez des copeaux en partant d'une arête de la plaque. Si le chocolat se casse avant de réaliser des rouleaux, réchauffez encore le chocolat 3 ou 4 secondes au four à micro-ondes.

Fruits aux épices

Préparation : 20 minutes • Cuisson : 30 minutes • Difficulté : ★ Budget : ★

Pour 4 personnes

- **2 pommes**
- **2 poires**
- **2 tranches de pain d'épices**
- **4 abricots secs**
- **4 figues séchées**
- **20 g de raisins secs**
- **10 g d'airelles séchées**
- **2 cuil. à café de miel**
- **1 gousse de vanille**
- **1 cuil. à café de cannelle en poudre**

Épluchez les pommes et les poires, coupez-les en dés.

Coupez le pain d'épices en cubes. Mélangez tous les fruits, frais et secs, le pain d'épices, le miel, les graines de vanille et la cannelle.

Répartissez ce mélange dans 4 cocottes et mettez-les au four avec leur couvercle, 30 minutes à 180 °C (th. 6).

Laissez refroidir et servez tiède ou froid.

Gâteaux de semoule

Préparation : 30 minutes • Repos : 2 h 20 • Cuisson : 25 minutes • Difficulté : ★ Budget : ★

Pour 4 personnes

- **80 g de raisins secs**
- **1 sachet de sucre vanillé**
- **50 cl de lait entier**
- **70 g de sucre**
- **60 g de semoule de blé dur fine**
- **2 œufs**
- **8 cuil. à soupe de caramel liquide**

Mettez les raisins avec le sucre vanillé dans de l'eau chaude 20 minutes pour qu'ils gonflent.

Préchauffez le four à 180 °C (th. 6). Faites chauffer le lait et le sucre. Quand le mélange bout, ajoutez la semoule tout en mélangeant et continuez la cuisson 8 minutes en mélangeant sans arrêt jusqu'à ce que la semoule gonfle et que la préparation épaississe.

Retirez la casserole du feu et ajoutez les œufs battus en omelette, mélangez bien. Égouttez les raisins et ajoutez-les au mélange. Versez 2 cuil. à soupe de caramel liquide au fond des cocottes pour couvrir le fond. Répartissez la semoule tiédie et mettez au four pour 10 à 15 minutes. Laissez refroidir et placez au frais 2 heures.

Gratins de figues

Préparation : 15 minutes • Cuisson : 25 minutes • Difficulté : ★ Budget : ★★

Pour 4 personnes

- **10 figues**
- **4 jaunes d'œufs**
- **50 g de sucre**
- **1 sachet de sucre vanillé**
- **20 cl de crème liquide**
- **60 g de poudre d'amandes**

Préchauffez le four à 180 °C (th. 6).

Lavez et coupez les figues en quatre. Placez-les dans les cocottes.

Fouettez les jaunes d'œufs avec le sucre et le sucre vanillé. Ajoutez la crème liquide et la poudre d'amandes. Versez ce mélange sur les figues afin de les couvrir presque en totalité.

Mettez au four et laissez cuire environ 25 minutes. À la sortie du four, laissez tiédir puis servez ou placez au frais.

Gratins de fraises

Préparation : 15 minutes • Cuisson : 20 minutes • Difficulté : ★ Budget : ★

Pour 4 personnes

- **600 g de fraises**
- **2 œufs**
- **50 g de sucre**
- **2 sachets de sucre vanillé**
- **20 cl de crème liquide**
- **80 g de poudre d'amandes**
- **1 cuil. à soupe de pistaches fraîches**

Lavez les fraises, équeutez-les et coupez-les en deux.

Fouettez les œufs avec le sucre et le sucre vanillé. Ajoutez la crème puis la poudre d'amandes.

Répartissez les fraises dans 4 cocottes, versez l'appareil aux amandes et placez-les au four 20 minutes à 180 °C (th. 6). Laissez les gratins refroidir puis placez-les au frais.

Hachez les pistaches et saupoudrez-en les gratins au moment de servir.

Iles flottantes sur coulis de fruits rouges

Préparation : 30 minutes • Cuisson : 30 secondes • Difficulté : ★ Budget : ★

Pour 4 personnes

- **200 g de fraises**
- **200 g de framboises**
- **3 blancs d'œufs**
- **70 g de sucre**
- **1 cuil. à soupe de pistaches fraîches**
- **Sel**

Nettoyez les fruits, équeutez les fraises et mixez le tout. Mélangez bien puis passez le coulis au tamis pour retirer les petites graines. Réservez au frais.

Montez les blancs d'œufs en neige avec une pincée de sel. Quand ils commencent à mousser, ajoutez le sucre petit à petit et battez-les jusqu'à l'obtention de blancs denses et fermes.

À l'aide de 2 cuillères à soupe, formez 4 grosses quenelles de blancs d'œufs et placez-les sur une assiette. Passez-les au micro-ondes 30 secondes, puissance maximum. Si vous trouvez les blancs pas assez cuits, ajoutez 10 secondes de cuisson. Laissez refroidir puis placez au frais.

Au moment de déguster, versez le coulis dans les cocottes, déposez une quenelle de blanc d'œuf, saupoudrez d'éclats de framboises et de pistaches fraîches hachées.

Pamplemousses grillés meringués

Préparation : 20 minutes • Cuisson : 10 minutes • Difficulté : ★ Budget : ★

Pour 4 personnes

- **2 pamplemousses**
- **1 cuil. à soupe de sucre roux**
- **1 sachet de sucre vanillé**
- **2 blancs d'œufs**
- **40 g de sucre**

Épluchez les pamplemousses à vif, retirez toutes les fines peaux. Coupez les quartiers de pamplemousse en deux et placez-les dans 4 mini cocottes. Saupoudrez-les de sucre roux et de sucre vanillé. Placez-les 5 minutes sous le gril.

Montez les blancs d'œufs en neige. Quand ils commencent à bien mousser, ajoutez le sucre petit à petit puis continuez de battre jusqu'à l'obtention d'une meringue ferme et brillante.

Nappez les quartiers de pamplemousse de cette meringue et placez à nouveau les cocottes sous le gril le temps de faire dorer. Servez aussitôt.

Fondue au chocolat et brochettes de guimauve

Préparation : 15 minutes • Cuisson : 15 minutes • Difficulté : ★ Budget : ★

Pour 4 cocottes

- **10 cl de lait**
- **15 cl de crème liquide**
- **200 g de chocolat noir**
- **Marshmallows**

Dans une casserole, portez le lait et la crème liquide à ébullition. Ajoutez le chocolat concassé. Faites-le fondre sur feu doux en mélangeant avec un fouet, jusqu'à ce que le mélange soit lisse et brillant.

Versez dans les cocottes et couvrez-les. Maintenez-les au chaud, dans le four préchauffé à 140 °C (th. 4), en attendant de les servir.

À la sortie du four, servez sans attendre avec de petites brochettes de Marshmallows.

Moelleux exotiques

Préparation : 30 minutes • Cuisson : 25 minutes • Difficulté : ★ Budget : ★

Pour 6 personnes

- **60 g de beurre**
- **50 g de chocolat blanc**
- **50 g de farine**
- **50 g de sucre**
- **40 g de poudre d'amandes**
- **1 gousse de vanille**
- **2 œufs**
- **3 tranches d'ananas**
- **80 g de beurre tempéré**
- **160 g de sucre glace**
- **4 fruits de la passion**

Mettez le beurre à fondre avec le chocolat blanc. Mélangez la farine, le sucre, la poudre d'amandes et les graines de vanille. Ajoutez les œufs puis incorporez le beurre fondu avec le chocolat. Mélangez jusqu'à l'obtention d'une pâte homogène puis incorporez l'ananas coupé en dés.

Versez la pâte dans 6 cocottes (de la taille d'un moule à muffins ou de même contenance) et mettez au four 20 minutes à 200 °C (th. 6-7) puis laissez refroidir.

Battez le beurre tempéré au batteur électrique jusqu'à ce qu'il se transforme en pommade, ajoutez petit à petit le sucre glace et la pulpe des fruits de la passion. À l'aide d'une poche à douille, garnissez les moelleux de crème et réservez au frais jusqu'au moment de servir.

Mousses au chocolat blanc

Préparation : 20 minutes • Repos : 6 heures • Cuisson : 5 minutes • Difficulté : ★ Budget : ★

Pour 4 personnes

- 200 g de chocolat blanc
- 10 cl de crème liquide entière
- 4 œufs
- 250 g de fruits rouges frais
- Sel

Faites fondre le chocolat au bain-marie avec la crème liquide.

Lorsque le chocolat est totalement fondu, ajoutez les jaunes d'œufs un à un.

Montez les blancs en neige avec une pincée de sel. Incorporez-les délicatement à la préparation au chocolat blanc. Répartissez dans 4 cocottes et placez 6 heures au réfrigérateur.

Au moment de servir, couvrez la mousse de fruits rouges.

Mousses au chocolat cuites

Préparation : 20 minutes • Repos : 2 heures • Cuisson : 25 minutes • Difficulté : ★ Budget : ★

Pour 6 personnes

- 5 œufs
- 200 g de chocolat noir
- 60 g de beurre
- Sel

Séparez les blancs des jaunes d'œufs.

Faites fondre le chocolat au bain-marie, ajoutez le beurre puis les jaunes d'œufs un à un tout en mélangeant énergiquement entre deux.

Montez les blancs d'œufs en neige avec une pincée de sel puis incorporez-les délicatement au chocolat.

Répartissez la mousse dans 6 mini cocottes puis placez-les au frais pour 2 heures.

Préchauffez le four à 210 °C (th. 7) et mettez les mousses à cuire 20 minutes.

Panna cotta cassis et violette

Préparation : 20 minutes • Repos : 4 heures • Cuisson : 15 minutes • Difficulté : ★ Budget : ★

Pour 4 personnes

- **3 feuilles de gélatine**
- **250 g de cassis**
- **100 g de sucre**
- **30 cl de crème liquide entière**
- **8 cl de lait entier**
- **Arôme violette**
- **Sucre cristallisé**

Mettez les feuilles de gélatine à ramollir dans de l'eau froide. Mettez de côté quelques grains de cassis pour le décor. Placez le restant des grains de cassis dans une casserole avec 30 g de sucre, écrasez les fruits et mettez à cuire sur feu doux 10 minutes puis passez le tout dans un tamis pour récupérer la pulpe. Ajoutez 1 feuille de gélatine essorée. Réservez 1 cuil. à soupe de purée de fruits puis répartissez le reste dans les cocottes. Placez au frais.

Mélangez la crème, le lait et le restant de sucre. Ajoutez la cuillère à soupe de purée de cassis, quelques gouttes d'arôme de violette et 2 feuilles de gélatine dissoutes 5 secondes au micro-ondes. Mélangez et répartissez cette crème dans les cocottes. Laissez reposer au frais 4 heures minimum. Au moment de servir, décorez de grains de cassis enrobés de sucre cristallisé.

Poire amandine

Préparation : 15 minutes • Cuisson : 25 minutes • Difficulté : ★ Budget : ★★

Pour 4 personnes

- **2 jaunes d'œufs ; 40 g de sucre**
- **1 sachet de sucre vanillé**
- **18 cl de crème liquide**
- **80 g de poudre d'amandes**
- **20 g de farine**
- **3 poires au sirop**
- **8 spéculoos**
- **25 cl de lait**
- **5 cl de crème liquide entière**
- **50 g de chocolat noir**
- **1 cuil. à soupe de pistaches fraîches**

Préchauffez le four à 180 °C (th. 6). Fouettez les jaunes d'œufs avec le sucre et le sucre vanillé. Ajoutez la crème liquide puis la poudre d'amandes et la farine. Égouttez les poires, réservez les 4 plus belles demi-poires puis coupez les 2 restantes en dés. Placez au fond de chaque cocotte 2 spéculoos cassés en gros morceaux ainsi que les dés de poire. Couvrez du mélange aux amandes et placez au centre ½ poire, légèrement enfoncée. Mettez au four pour 20 minutes. À la sortie du four, laissez refroidir.

Portez à ébullition le lait et la crème liquide entière, versez le tout sur le chocolat et mélangez jusqu'à l'obtention d'une sauce homogène. Servez les poires, décorez de pistaches fraîches pour la couleur et de sauce au chocolat encore chaude.

Puddings pommes et raisins en cocotte

Préparation : 25 minutes • Cuisson : 25 minutes • Difficulté : ★ Budget : ★

Pour 6 cocottes

- **20 g de beurre**
- **50 g de raisins secs**
- **10 cl de rhum**
- **6 tranches de brioche**
- **2 pommes**
- **3 œufs**
- **50 g de cassonade**
- **40 cl de lait**

Préchauffez le four à 180 °C (th. 6). Beurrez le fond de chaque cocotte. Faites gonfler les raisins dans le rhum. Coupez les tranches de brioche en morceaux. Tassez la moitié de ces morceaux au fond de chaque cocotte.

Pelez, épépinez et taillez les pommes en petits dés. Répartissez-les au-dessus de la brioche avec les raisins secs. Recouvrez avec le reste de brioche en tassant bien.

Dans un saladier, fouettez les œufs avec la cassonade et délayez avec le lait. Versez ce mélange dans chaque cocotte et enfournez pour 25 minutes, puis servez tiède ou froid.

Sabayons de fruits rouges

Préparation : 15 minutes • Cuisson : 15 minutes • Difficulté : ★★ Budget : ★★

Pour 4 personnes

- **5 jaunes d'œufs**
- **80 g de sucre**
- **1 sachet de sucre vanillé**
- **10 cl de vin blanc sec**
- **500 g de fruits rouges frais**

Mettez une casserole d'eau à bouillir.

Fouettez les jaunes d'œufs avec les sucres jusqu'à ce que le mélange blanchisse.

Ajoutez le vin tout en continuant de fouetter. Placez le saladier sur le bain-marie et fouettez jusqu'à obtention d'une consistance plus épaisse. Retirez du feu quand des bulles se forment à la surface et continuez de fouetter jusqu'au refroidissement du sabayon.

Répartissez les fruits dans les cocottes, couvrez de sabayon et placez sous le gril jusqu'à ce que la surface dore. Servez aussitôt.

Soupe de fruits rouges

Préparation : 15 minutes • Repos : 1 heure • Difficulté : ★ Budget : ★★

Pour 4 personnes

- **800 g de fraises**
- **250 g de framboises**
- **125 g de myrtilles**
- **6 feuilles de menthe**
- **1 cuil. à soupe de jus de citron**
- **1 cuil. à soupe de sucre de cannelle**
- **1 sachet de sucre vanillé**

Nettoyez les fruits et équeutez-les. Coupez les fraises en morceaux, ajoutez la menthe, le jus de citron et les sucres. Mixez le tout et placez au frais 1 heure.

Remplissez les cocottes de soupe de fraises, déposez les framboises et les myrtilles. Au moment de servir, décorez de petites feuilles de menthe.

Servez très frais, accompagné de madeleines ou d'une tranche de quatre-quarts.

Terrine de pommes

Préparation : 30 minutes • Cuisson : 1 heure • Difficulté : ★ Budget : ★

Pour 4 personnes

- **4 pommes**
- **60 g de sucre**
- **10 cl de jus de pomme**
- **30 g de beurre**

Épluchez et coupez les pommes en quartiers. Rangez-les dans les cocottes en saupoudrant de sucre entre chaque couche.

Remplissez pleinement les cocottes, arrosez de jus de pomme, finissez en saupoudrant de sucre et déposez le beurre.

Placez les cocottes dans un four à 150 °C (th. 5) pour 30 minutes en plaçant le couvercle dès que le beurre a fondu.

Retirez le couvercle et poursuivez la cuisson 30 minutes. À la sortie du four laissez refroidir, servez tiède ou bien froid accompagné de crème fouettée et de sablés.

Tiramisu à la noix de coco

Préparation : 20 minutes • Repos : 24 heures • Difficulté : ★ Budget : ★

Pour 4 personnes

- 3 œufs
- 80 g de sucre
- 250 g de mascarpone
- 4 cuil. à soupe de noix de coco râpée
- 10 sablés à la noix de coco
- 25 cl de jus de fruits
- 4 physalis

Séparez les jaunes d'œufs des blancs. Battez les jaunes d'œufs avec le sucre jusqu'à ce que le mélange blanchisse puis ajoutez le mascarpone et fouettez encore 2 minutes.

Battez les blancs d'œufs en neige ferme et ajoutez-les délicatement au mélange précédent ainsi que la noix de coco.

Trempez rapidement les biscuits dans le jus de fruits et placez 1 biscuit dans chaque cocotte. Répartissez la moitié de la crème puis à nouveau 1 biscuit imbibé. Finissez par une couche de crème. Laissez reposer 24 heures au réfrigérateur. Au moment de servir, saupoudrez de noix de coco et décorez de physalis.

Tourtes aux griottes

Préparation : 30 minutes • Cuisson : 50 minutes • Difficulté : ★ Budget : ★

Pour 4 personnes

Pour la compotée

- 200 g de griottes congelées
- 80 g de sucre

Pour la pâte

- 4 jaunes d'œufs ; 80 g de sucre
- 1 sachet de sucre vanillé
- 150 g de beurre ; 180 g de farine
- 1 cuil. à café de levure chimique
- Le zeste de 1 citron non traité
- Sel

Dans une casserole, mettez les griottes et le sucre à compoter 20 minutes. Égouttez-les et laissez-les refroidir. Fouettez 3 jaunes d'œufs, le sucre et le sucre vanillé jusqu'à ce que le mélange blanchisse. Ajoutez le beurre, mou, et fouettez pour obtenir un mélange crémeux. Ajoutez la farine mélangée avec la levure, le zeste de citron et une pincée de sel. Finissez en pétrissant avec les mains. Divisez la pâte en 4 parts égales. Déposez les deux tiers d'une portion de pâte dans chaque cocotte beurrée. Façonnez la pâte au fond des cocottes en remontant sur les bords. Placez la compote de griotte au centre puis couvrez-la avec le tiers de pâte restante façonnée en disque. Diluez 1 jaune d'œuf avec 1 cuil. à café d'eau, badigeonnez les 4 tourtes. Mettez au four 30 minutes à 170 °C (th. 5-6).